The Effect of Product-harm Crisis Management Strategies on Consumer's Behavior

国家自然科学基金项目成果·管理科学文库

产品伤害危机应对策略对消费者行为的影响机理

胡海菊 著

中国财经出版传媒集团
经济科学出版社
Economic Science Press

图书在版编目（CIP）数据

产品伤害危机应对策略对消费者行为的影响机理/胡海菊著.—北京：经济科学出版社，2020.11
ISBN 978-7-5218-1974-8

Ⅰ.①产⋯ Ⅱ.①胡⋯ Ⅲ.①消费者行为论-研究 Ⅳ.①F713.55

中国版本图书馆 CIP 数据核字（2020）第 200603 号

责任编辑：崔新艳　胡成洁
责任校对：李　建
责任印制：李　鹏　范　艳

产品伤害危机应对策略对消费者行为的影响机理
胡海菊　著
经济科学出版社出版、发行　新华书店经销
社址：北京市海淀区阜成路甲 28 号　邮编：100142
经管编辑中心电话：010-88191335　发行部电话：010-88191522
网址：www.esp.com.cn
电子邮箱：espcxy@126.com
天猫网店：经济科学出版社旗舰店
网址：http://jjkxcbs.tmall.com
北京季蜂印刷有限公司印装
710×1000　16 开　8.75 印张　160000 字
2020 年 12 月第 1 版　2020 年 12 月第 1 次印刷
ISBN 978-7-5218-1974-8　定价：42.00 元
（图书出现印装问题，本社负责调换。电话：010-88191510）
（版权所有　侵权必究　打击盗版　举报热线：010-88191661
QQ：2242791300　营销中心电话：010-88191537
电子邮箱：dbts@esp.com.cn）

国家自然科学基金项目成果·管理科学文库
出版说明

我社自 1983 年建社以来一直重视集纳国内外优秀学术成果予以出版。诞生于改革开放发轫时期的经济科学出版社，天然地与改革开放脉搏相通，天然地具有密切关注经济、管理领域前沿成果、倾心展示学界翘楚深刻思想的基因。

改革开放 40 年来，我国不仅在经济建设领域取得了举世瞩目的成就，而且在科研领域也有了长足发展。国家社会科学基金和国家自然科学基金的资助无疑在各学科的基础研究与纵深研究方面发挥了重要作用。

为体系化地展示国家社会科学基金项目取得的成果，在 2018 年改革开放 40 周年之际，我们推出了"国家社科基金项目成果经管文库"，已经并将继续组织相关成果纳入，希望各成果相得益彰，既服务于学科成果的积累传承，又服务于研究者的研读查考。

国家自然科学基金在聚焦基础研究的同时，重视学科的交叉融通，强化知识与应用的融合，"管理科学部"的成果亦体现了相应特点。从 2019 年开始，我们推出"国家自然科学基金项目成果·管理科学文库"，一来向躬耕于管理科学及相关交叉学科的专家致敬，二来完成我们"尽可能全面展示我国管理学前沿成果"的夙愿。

本文库中的图书将陆续与读者见面，欢迎国家自然科学基金管理科学部的项目成果在此文库中呈现，亦仰赖学界前辈、专家学者大力推荐，并敬请给予我们批评、建议，帮助我们出好这套文库。

经济科学出版社经管编辑中心

2019 年 9 月

前言

PREFACE

频发的产品伤害危机及其所带来的巨大负面影响，促使企业必须进行有效应对。然而，管理实践显示，众多企业尚未找到有效解决方案。本书聚焦该难题，以信息传递理论、服务补救理论等为基础，以组织合法性为切入点，在突出产品伤害危机的信息非对称性特点下，采用实验研究方法，研究产品伤害危机中企业的应对策略对企业的组织合法性和消费者行为的影响，验证消费者感知组织合法性在企业应对策略和消费者行为中的中介作用。本书的研究成果将为危机情境下的组织合法性获取和管理提供理论参考，同时能够从组织合法性的视角解释产品伤害危机应对策略对消费者行为产生影响的内在机理。从管理实践的角度看，本书也将为企业有效应对产品伤害危机提供策略选择参考，进而避免或降低产品伤害危机给企业带来的负面效应。

本书是在国家自然科学基金委课题"组织合法性视角下产品伤害危机应对策略的选择及影响机理研究"（项目编号：71704151）和河北省高等学校人文社会科学重点研究基地（项目编号：JJ2018）经费资助下完成的。在此，谨对国家自然科学基金委和河北省高等学校人文社会科学重点研究基地燕山大学区域经济发展研究中心给予的支持与帮助表示衷心感谢！

胡海菊

于燕山大学

2020 年 12 月

目录

contents

第一章　绪论 / 1
　　第一节　研究背景 / 1
　　第二节　研究目标与内容 / 5
　　第三节　研究思路与方法 / 8
　　第四节　研究意义 / 11

第二章　文献综述 / 13
　　第一节　产品伤害危机的概念及分类 / 13
　　第二节　产品伤害危机应对策略及其有效性研究 / 16
　　第三节　产品伤害危机中的消费者行为研究 / 21
　　第四节　研究现状评述 / 23

第三章　相关理论基础 / 25
　　第一节　服务主导逻辑理论 / 25
　　第二节　组织合法性理论 / 27
　　第三节　公平理论 / 30
　　第四节　信号传递理论 / 34
　　第五节　双因素理论 / 37
　　第六节　期望理论 / 44
　　第七节　本章小结 / 47

第四章　产品伤害危机的召回策略对中国消费者行为的影响 / 49
　　第一节　引言 / 49

第二节 召回策略的案例研究 / 51
第三节 研究假设 / 55
第四节 研究设计及数据收集 / 59
第五节 数据分析及假设检验 / 60
第六节 本章小结 / 65

第五章 产品伤害危机的召回策略对消费者行为影响的跨文化比较研究 / 67
第一节 引言 / 67
第二节 文化及文化差异 / 68
第三节 文化差异对消费者行为的影响 / 71
第四节 研究假设 / 74
第五节 研究设计及数据收集 / 78
第六节 数据分析及假设验证 / 80
第七节 本章小结 / 88

第六章 共享经济中产品伤害危机的信任修复策略对消费者行为的影响 / 89
第一节 引言 / 89
第二节 研究假设 / 91
第三节 研究设计及数据收集 / 93
第四节 数据分析及假设检验 / 95
第五节 本章小结 / 100

第七章 结论与展望 / 101
第一节 主要结论 / 101
第二节 本书主要创新点 / 104
第三节 企业应对产品伤害危机策略选择建议 / 106
第四节 研究局限及展望 / 107

附录1 第四章测量量表 / 108
附录2 第六章测量量表 / 109
参考文献 / 111

第一章 绪　论

第一节　研究背景

近年来，产品质量和产品安全问题频繁出现，使得产品伤害危机成为全球热门话题。产品伤害危机是指偶尔出现并被广泛宣传的、关于某个产品存有缺陷或对消费者具有潜在危险的事件（Siomkos and Kurzbard, 1994），如2008年三鹿奶粉事件、2009年丰田汽车的召回门事件以及2016年三星Note7手机爆炸事件等。产品伤害危机引发的最常见后果就是产品召回。产品召回是产品伤害危机的后续应对行动，是指制造商或经销商因产品可能造成健康、安全问题或可能导致消费者死亡而将产品撤出市场的行为。在上面提到的几个案例中，不论是三鹿还是丰田或者三星，都无一例外地对产品进行了召回，期望能够通过召回来降低产品给消费者造成的伤害，也希望能够在消费者中树立企业具有社会责任感的良好形象。

随着产品复杂性的增加、消费者产品安全意识的增强、产品安全法规严格程度的增加（Dawar and Pillutla, 2000）以及供应链结构复杂度的提升（Lyles and Flynn et al., 2008），产品伤害危机以及后续的产品召回的数量也在不断增加。根据欧洲产品安全公告系统Rapex的统计，2019年，欧盟委员会发出了2084份与非食品类消费品相关的健康和安全警告。[①] 安全警告数量比2003年增加了将近15倍（见图1-1）。为数众多的产品伤害危机事件，包括前面提到的三鹿奶粉事件、丰田召回门事件及三星Note7爆炸事件等，几乎都证实了产品伤害危机所带来的巨大负面影响。它会导致股价下跌（Chen and Ganesan et al., 2009; Zhao and Li et al., 2013），毁坏企业多年积累起来的品牌资产、

---

① https：//ec.europa.eu/consumers/consumers_safety/safety_products/rapex/alerts/? event = main. listNotifications&lng = en.

玷污企业的声誉（Cheah and Chan et al.，2007），增加对竞争对手营销活动的敏感性（Van Heerde and Helsen et al.，2007），导致销量的降低甚至企业倒闭，也会在整个供应链和社会中触发连锁效应（Dudley et al.，1987；Siomkos，1989）。例如，全球专案市场研究公司 TNS 的调查称，丰田经历召回门事件后，消费者对日系车的信心大受打击，有 62% 的被访者承认他们对日系车商的信心因此受到影响，64% 的人认为召回事件降低了丰田品牌在他们心目中的形象；丰田的股价更在短短的几日内暴跌 22%。类似的，三星在 Note7 爆炸事件发酵的过程中，股价大跌，市值缩水 220 亿美元；而三鹿则因三聚氰胺事件直接宣布破产。因此，产品伤害危机被称为"企业的噩梦"（Van Heerde and Helsen et al.，2007）。

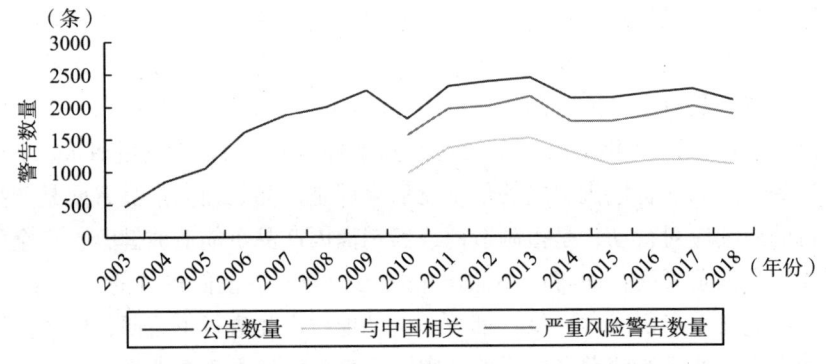

图 1-1　欧洲历年非食品类消费产品的健康和安全警告数量

资料来源：根据欧盟 RAPEX 公布的信息整理（https://ec.europa.eu/consumers/consumers_safety/safety_roducts/rapex/alerts/repository/content/pages/rapex/index_en.htm）。

之所以会产生如此巨大的负面效应，主要是因为企业在如何应对产品伤害危机方面尚未找到良好的解决方案。对华中和华南地区多家药品、食品和玩具制造商的调研结果也显示，企业确实会在发生产品伤害危机时感到无所适从，会出现想召回但是又不敢召回的尴尬局面。然而，正如海勒和达林（Heller and Darling，2011）所说，没有企业是完美的，产品伤害危机以及随之而来的召回事件是每一个企业都必须面对的管理问题之一。一旦发生产品伤害危机，企业将处于"十字路口"，如果能够有效应对，就可以扭转局面，降低其负面效应，甚至化危机为转机；而一旦处理不当，就将会给企业带来巨大的负面影响。因此，必须针对产品伤害危机的应对策略展开深入细致的研究，帮助企业找到最佳的应对策略。

现有关于产品伤害危机应对策略的研究主要从两个角度展开——企业角度

和消费者角度。从企业角度展开的研究主要探讨如何通过有效的应对策略避免股价的降低（Chen and Ganesan et al.，2009；Zhao and Li et al.，2013；潘佳、刘益、王良，2014）、保护品牌资产或声誉（方正、江明华、杨洋等，2010）等。有些学者的研究结果认为，与被动召回策略相比，主动召回策略对企业价值的负面影响更大（Chen and Ganesan et al.，2009）。而另外一些学者的研究结果发现，宣布更换产品或退款的召回公告导致的非正常股价下跌将比那些宣布维修或检查产品的公告更为严重（Davidson and Worrell，1992）。这一类的研究基本都是以二手数据为基础，采用事件研究法（event study）分析股票价格与相关召回策略之间的关系。此类研究认为，股票市场的投资人会将不同的召回策略解释为不同的成本及潜在的盈利能力，然后会将这种解释反映在他们在股票市场的投资行为中。更多的研究从消费者的角度展开，如研究产品伤害危机的应对策略对消费者行为产生影响的机理，从而找到有效应对产品伤害危机的策略。此类研究认为，消费者的购买意愿之所以发生改变，是因为他们对企业的感知风险或责任归因等发生了变化。这些研究大多数是通过实验的方法来展开，解释为什么产品召回会给企业带来损失，以及为什么不同的召回策略会产生不同的效果。例如，西莫克斯和库兹巴德（Siomkos and Kurzbard，1994）的研究结果显示，否认（denial）、强制召回（involuntary recall）、自愿召回（voluntary recall）和超级努力（supper effort）四种策略对消费者感知风险会产生影响进而导致消费者未来的购买意向发生变化。王晓玉、晁钢令和吴纪元（2006）的研究也证实企业的应对策略会对消费者购买考虑集造成影响。当然，在这个过程中，消费者的特性，如依恋类型（attachment style）（Whelan and Dawar，2016）、性别（Laufer and Gillespie，2004）、年龄（Laufer and Silver et al.，2005）等会起到制约作用。

近年来，也有学者提出应该从合法性（legitimacy）的角度研究危机情境下的企业应对策略问题，如艾伦和卡尔洛特（Allen and Caillouet，1994）；戴鑫、荆美星、邓雪芬、田志龙（2010）胡和杰巴尼（Hu and Djebarni et al.，2017）等。合法性是观察者（audiences）对一个组织的社会判断和评价，包括务实合法性（pragmatic legitimacy）、道德合法性（moral legitimacy）和认知合法性（cognitive legitimacy）（Suchman，1995）。依据企业的社会合法性（corporate social legitimacy）理论，企业的存在依赖于所处的环境，它们只有一定程度上使外界确信它们的交易权力是公正而适当的，它们才能够生存（Hearit，1995）。一个具有合法性的企业会被人们看成是值得信赖的、有价值的、有意义的（Suchman，1995）。然而，当发生产品伤害危机事件时，社会认可度会因为危机事件的发生而降低,企业陷入合法性危机。而此时却恰恰又是企业最需要获得合法性的时期,企业必须要取得合法性才能够为所出现的问题和行为进行辩护,进而降低危机事件带来的负面影响;否则,利益相关者会就此停止与企业交易(Jonsson and Greve et al.,2009)。

也有学者明确指出,合法性不但能够用于解释组织和个体的理性行为,也可以用于解释非理性行为(Allen and Caillouet,1994)。因此,一些学者开始用合法性理论来解释危机情境下的消费者行为,例如戴鑫、荆美星、邓雪芬、田志龙(2010)根据组织合法性理论提出了企业在危机情境下的四种合法性策略并在此基础上研究这些策略对消费者满意度、信任和购买意向的影响。

然而,现有的研究存在以下局限。

(1)从企业角度展开的研究,虽然在企业绩效变动与产品伤害危机应对策略之间建立了关联关系,但是只能反映短期的影响效果,并不能解释为什么人们会将不同的召回策略解释为不同的成本或获利潜力。

(2)从消费者视角进行的研究,能够很好地解释召回策略和消费者行为之间的影响机理,但并不充分。现有的研究只是关注消费者基于理性的责任归因和风险分析基础上的"理性行为",而对于一些基于"认知和理所当然"的"非理性行为"并不能很好地解释。

(3)现有的研究都是在假设消费者能够掌握产品伤害危机的严重程度、覆盖范围等完全信息的基础上展开的。然而,而现实中,消费者往往处于信息的劣势地位,对于危机事件的了解并不充分,企业也很有可能会有意识地隐瞒相关信息,例如,企业可能会对问题的真实原因有所隐瞒或将责任归咎于供应商等,所以消费者对企业做出的评价只能基于企业所表现出来的态度、行为和通过其他渠道(如媒体、政府和相关专家)所获得的信息。

(4)从消费者视角展开的研究,其研究结果存在相互矛盾之处。例如,莫文(Mowen,1979)认为,公司花多长时间来制定召回决策会显著影响消费者的购买意愿,而西莫克斯和库兹巴德(1994)认为公司的反应(否认、强制召回、自愿召回和超级努力)没有显著影响感知危险和未来的购买意愿。这可能是由于这些学者将召回策略视为单一维度变量,而实际上它包含两个维度,即两个独立决策:何时召回和赔偿消费者的金额。

(5)现有的研究几乎都基于西方文化,但是随着我国产品伤害危机和产品召回数量的不断增加,有必要研究我国消费者对不同召回策略的反应。

(6)现有研究都是以传统的商业模式为基础,然而,随着新的商业模式出现(如共享经济),产品伤害危机事件也出现在新的商业模式当中,如顺风车伤人事件和共享住宿针孔摄像头事件。但是尚未有学者针对共享经济当中的产品伤害事件的应对问题展开研究。

依据瓦戈和勒斯克（Vargo and Lusch，2004）在他们题为"Evolving to a New Dominant Logic for Marketing"的著作中提出的服务主导逻辑理论（service-dominant logic），商品是企业向客户提供服务的载体（Lusch and Vargo et al.，2007）。也就是说，商品是服务的一部分。当产品缺陷被发现时，可以被看成是一种服务失误，企业应该采取措施进行补救。因此，我们可以从服务补救的角度来研究产品伤害危机的应对问题。

综上所述，本书是以产品伤害危机事件为研究背景，在信息非对称条件下，从消费者的视角出发，以组织合法性为切入点，以信号传递理论、服务补救理论等为理论基础，研究传统制造业和共享经济中企业的产品伤害危机应对策略对消费者感知合法性和购买行为的影响机理，从而深化和扩展现有的负面情境下企业的合法性管理理论和产品伤害危机管理理论，为企业有效应对产品伤害危机事件提供管理启示和理论指导。

第二节 研究目标与内容

一、研究目标

本书的总体目标为综合运用信号传递理论、组织合法性理论、服务补救中的公平理论和期望理论等，从消费者的视角出发，研究在非对称信息情况下，企业的应对策略对消费者感知组织合法性和消费者购买行为的作用机理，建立以组织合法性为核心概念的应对策略有效性检验模型，丰富现有危机情境下的组织合法性管理理论和消费者行为管理理论，为企业有效应对产品伤害危机事件提供应对策略选择的参考和理论指导。具体包含以下研究目标。

（1）在传统制造业的产品伤害危机中，在信息不对称的情境下，将召回策略作为企业的产品伤害危机应对策略，在区分召回策略的补偿策略和召回主动性两个维度的前提下，构建召回策略对消费者感知组织合法性和再次购买意愿产生影响的理论模型，并利用实验的方法加以检验，为企业有效应对产品伤害危机提供理论指导。

（2）在传统制造业的产品伤害危机中，以我国消费者为研究对象，理论分析并实验检验召回策略对消费者感知组织合法性和购买行为的作用机理，为我国市场上的产品伤害危机管理提供有效的理论指导。

（3）以 A、B、C 三个文化特质迥异的城市为样本，探讨在不同的文化环境下，产品伤害危机的应对策略对消费者组织合法性感知和购买行为产生影响的机理，为跨国产品伤害危机事件的有效应对提供理论指导。

（4）在共享经济情境下，研究共享平台对产品伤害危机事件的信任修复策略对消费者的组织合法性和购买行为产生的影响机理，并检验组织合法性在应对策略和消费者购买行为之间的中介效应，为共享经济中的产品伤害危机应对提供有效的理论指导。

二、研究内容及框架结构

为了更深刻理解产品伤害危机中企业应对策略对消费者行为产生影响的机理，本书将从多理论视角、多文化背景、多商业模式，构建产品伤害危机应对策略对消费者行为的影响机理，并探讨组织合法性感知在其中的中介作用，整体框架如图 1-2 所示。

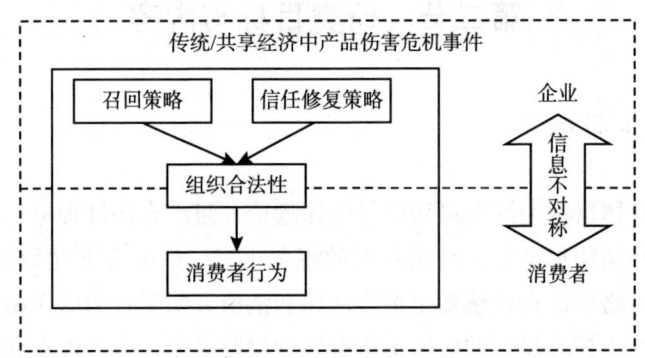

图 1-2 本书整体研究框架

具体来讲，本书包括三个主要内容。

第一，鉴于现有研究很少以中国消费者为研究对象，而且目前中国市场上也出现了为数众多的产品伤害危机事件，因此，本书的一个核心内容就是以传统制造业的产品伤害危机事件为背景，针对中国消费者，研究他们对不同的产品伤害危机应对策略的组织合法性感知和购买行为变化。

第二，企业的国际化经营使得跨国、跨文化的产品伤害危机事件不断增多，而且，消费者的行为依赖于其所处的文化环境，因此，如果要清楚了解消费者在产品伤害危机中的行为机理,就必须进行跨文化的对比研究。为此,本书选择了代表东西方文化的 A 市和 C 市以及介于东西方文化之间的 B 市,以这三地的消费者为研究对象,展开跨文化的对比研究。

第三,共享经济的出现改变了消费者与企业的互动模式,也改变了企业的运营模式。因此,传统的产品伤害危机管理理论未必适用于共享经济模式,有必要针对共享经济的特定背景展开研究。本书将以此作为一个重点内容进行论述,探讨当企业发生产品伤害危机事件时,共享平台的应对策略对消费者行为的影响机理。

总体上来讲,本书共分为七章,具体的章节安排如下。

第一章,绪论。总体上论述本书的研究背景、研究目标、研究内容、研究思路和方法以及研究意义。

第二章,文献综述。主要从产品伤害危机的概念及分类、产品伤害危机应对策略及有效性、危机情境下的组织合法性管理、产品伤害危机中的消费者行为等方面对与本书相关的文献进行回顾,分析现有研究所取得的成果及存在的局限,为本书后续章节的开展提供基础。

第三章,相关理论回顾。对展开核心研究过程中所用到的基本理论进行回顾,包括服务主导逻辑理论、组织合法性理论、公平理论、信号传递理论、期望理论、双因素理论等,为后续章节研究假设的提出奠定理论基础。

第四章,产品伤害危机的召回策略对中国消费者行为的影响。本章为全书的核心内容之一,以中国消费者为研究对象,通过情景实验的方法,探讨产品伤害危机应对策略的召回策略对中国消费者行为产生影响的机理。

第五章,产品伤害危机的召回策略对消费者行为影响的跨文化比较研究。本章是在第四章的基础上,对传统制造业的产品伤害危机事件中的消费者行为进行比较研究,将来自西方文化代表的 C 市,东方文化代表的 A 市以及文化介于两者之间的 B 市的消费者作为研究对象进行对比研究,分析三个地区的消费者对企业的同一应对策略是否会因为文化的差异而导致行为和认知不一致。本章是第四章研究内容的深化和延展。

第六章,共享经济中产品伤害危机的信任修复策略对消费者行为的影响。本章以共享经济这种新兴的商业模式为研究背景,探讨共享平台对产品伤害危机事件的应对策略对消费者的合法性感知和再次购买意向所产生的影响。由于信任对共享经济的发展具有非常重要的意义,因此,本章的产品伤害危机应对策略主要关注共享平台的信任修复策略。

第七章,结论与展望。本章是全书的总结,全面分析以上各章节所取得的研究结论、全书的创新点、对企业管理实践的启示以及本书研究的局限性和未来的研究展望。

第三节　研究思路与方法

本书采用定性和定量相结合的研究方法展开研究，技术路线如图 1-3 所示，研究共分五个阶段。第一阶段：收集资料和分析现有文献，进行理论回顾，并在此基础上构建本书的研究理论框架模型。第二阶段：以中国市场中的产品伤害危机事件为背景，设计情景实验，并以中国消费者为研究对象开展研究，完成第四章的主要内容。第三阶段：以中国消费者的研究结果为基础，进行跨文化的对比研究，利用情景实验在 A、B、C 三个文化背景不同的城市采集数据，并进行分析结果对比，完成第五章的主要内容。第四阶段：以共享经济中的产品伤害危机事件为背景，设计情景实验，研究消费者在共享经济中的行为受共享平台应对策略影响的机理。第五阶段：根据以上研究结果，进行综合分析，得出研究结论，并对研究的内部效度和外部效度进行评价，提出管理启示。

本书在研究过程中所采用的研究方法主要是情景脚本实验法。这种方法非常适用于研究个体的行为和决策，尤其适用于当个体面临复杂情境时会如何以及为何会形成各自的判断及偏好问题的研究（Rungtusanatham and Wallin et al., 2011）。在情景实验中，需要通过不同版本的脚本的设计来向被试者传达所感兴趣的变量（即自变量）特定水平的信息（Alexander and Jay, 1978）。所招募的被试者需要假定他们是实验所预先定义好的角色，然后会被要求阅读特定水平的研究变量的脚本信息，之后以他们预先定义好的身份对所读到的脚本信息进行反馈。通常，研究者会对这些反馈会以相同的方式进行记录、量化和分析，以得到不同水平的自变量所产生的影响以及被试者的相应反馈（即因变量）。

日格图山那山姆和沃琳等（Rungtusanatham and Wallin et al., 2011）认为，情景实验是否能够成功很大程度上取决于有效的实验设计，于是提出了情景实验设计的三阶段模型（见图 1-4）。首先，在开始实验设计前，研究人员应该"了解背景"，也就是实验被试者将会在什么样的情境下被安排进行特定的角色扮演。例如，如果研究是关注消费者在超市中的购买行为，那么研究人员就需要提前熟悉超市的布局、商品的摆放、消费者在超市中的行走路线等。

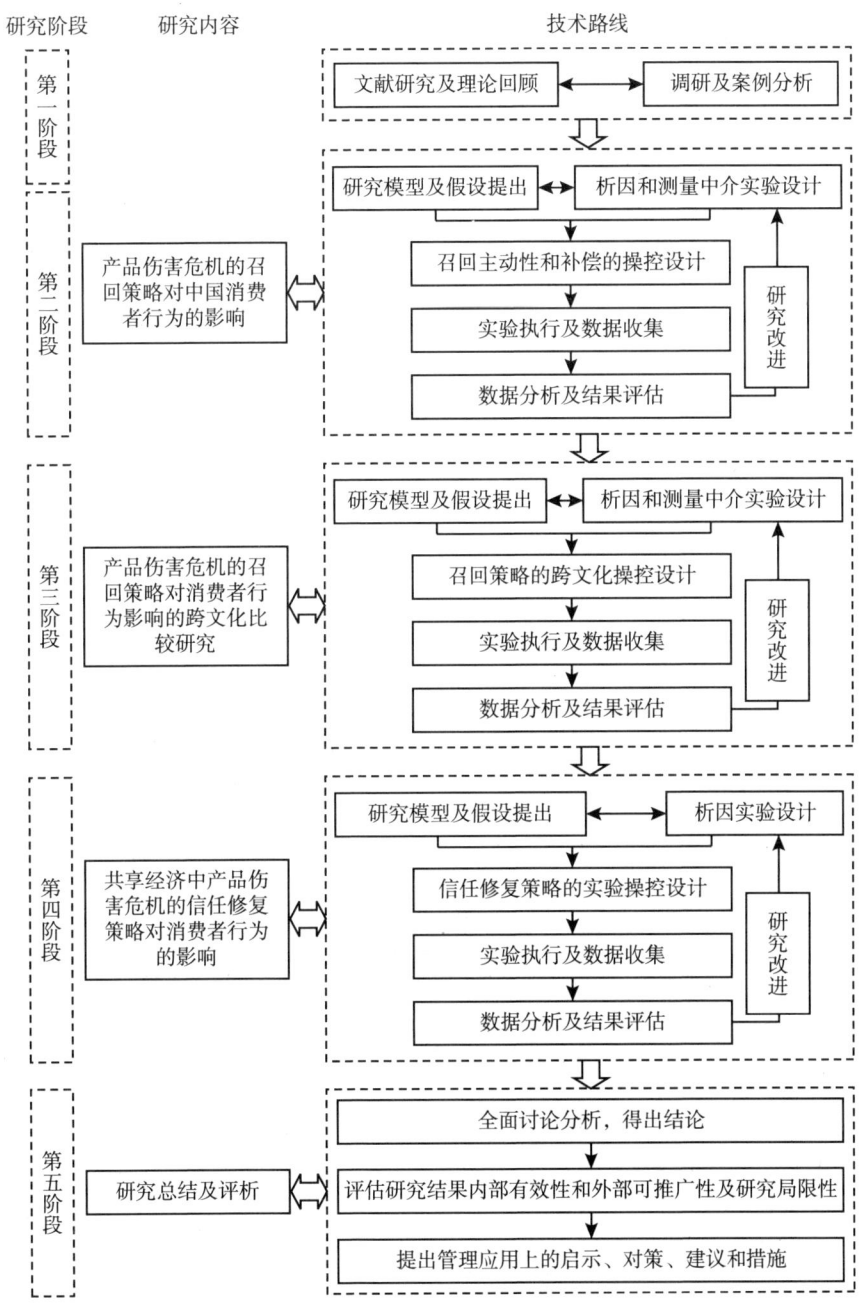

图1-3 本书技术路线

这些资料可以通过一手的调研或观察来获得，也可以通过征求专家意见或经验来获得。这些背景资料有利于在实验设计中与被试者产生共鸣，从而达到良好的实验效果。此外，在开始正式设计之前，研究人员还应该在测量水平上确定感兴趣的变量。对相关自变量的测量可以参考现有文献或研究成果。相关测量量表的获得不但可以有助于有效测量因变量，对自变量的有效操控也具有重要价值。其次，在设计阶段，主要是进行结构化的创造性写作，产生不同版本的设计脚本。这取决于研究所关注的自变量的数量以及每个自变量的层次。例如，如果研究关注商品的品牌和包装颜色两个因素对消费者购买行为的影响，其中品牌包含两个档次（即知名品牌或无品牌），包装颜色包含三个层次（红、黄、蓝），那么研究就将产生 2×3 共 6 个版本的脚本。通常在实验写作中，包含两个模块：通用模块和实验线索模块。通用模块主要是用来提示上下文信息或对控制变量进行测量，在各个版本的脚本中保持不变。而实验线索模块主要是用于对自变量进行操控，在每个不同的版本中，体现不同的自变量水平，以便为被试者传达特定的信息，达到有效改变自变量水平的目的。最后，对设计进行检验，其目的是确保呈现的脚本是清晰的、符合现实的、完整的、有效的。为此，可以进行小范围的先行测试，召集一小部分被试人员或研究团队成员就指定的脚本进行阅读和反馈，就脚本是否存在语句不清、混淆、矛盾等问题提出意见，以便研究人员进行修改，最终得到有效的情景实验设计。

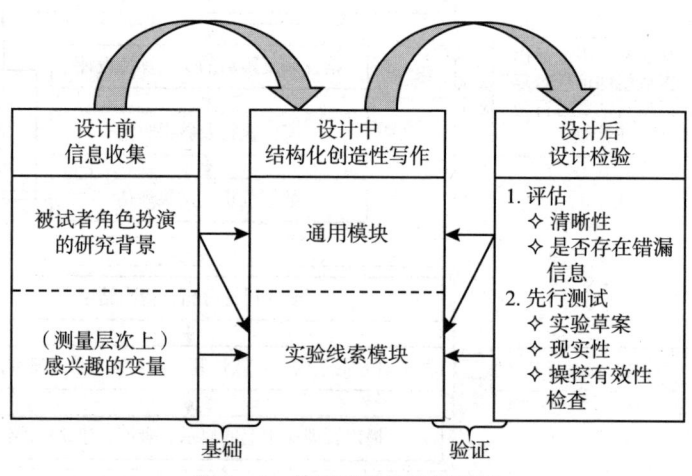

图 1-4　情景实验设计及检验

资料来源：Rungtusanatham M, Wallin C, Eckerd S. The Vignette in a Scenario-Based Role-Playing Experiment [J]. Journal of Supply Chain Management, 2011, 47 (3): 3-16.

本书的情景实验设计也将遵循日格图山那山姆和沃琳等（2011）所提出这个的三阶段模型，以产品伤害危机为主要研究背景，以企业应对产品伤害危机的策略、消费者感知组织合法性和消费者再次购买意愿为主要变量，进行基于脚本的情景实验设计和数据收集，进而对所收集的数据进行分析，得到在产品伤害危机情境下，企业应对策略对消费者行为产生影响的机理。

第四节 研究意义

本书中研究的开展，对于现有的相关理论研究和企业管理实践都具有重要的意义和参考价值。

本书的理论意义如下。

（1）打破了现有研究的信息对称性假设，在消费者和企业信息非对称的条件下研究企业的应对策略选择和有效性问题，更具有现实意义。

（2）从合法性的角度研究危机情境下的企业应对策略，更能从根本上揭示其应对策略的有效性。从本质上来讲，合法性与每一个企业的生存相关，而现有研究所关注的企业声誉、社会责任感和品牌资产等则并非企业生存必需。

（3）基于合法性的消费者行为研究能够更全面地解释消费者行为机理、更准确预测消费者行为。从合法性的角度展开研究，不但能够解释现有研究关注的基于风险分析和归因的消费者的理性行为，还能够解释基于"理解"和"理所当然"等认知层面的非理性行为。

（4）突破了现有研究认为召回策略是单一维度构念的不足，在区分产品伤害危机召回策略的召回主动性和补偿两个维度的前提下，研究二者对消费感知和行为产生的影响，更贴近现实，能更全面地分析和掌握企业的危机应对策略的有效性，研究结果更准确、更具有现实指导意义。

（5）在传统制造业和共享经济两种背景下，探讨产品伤害危机的管理问题，将传统的产品伤害危机管理理论扩展到共享经济的背景下，丰富了多情境下的产品伤害危机管理理论和组织合法性管理理论。

本书的现实意义如下。

从现有的企业管理实践来看，企业对于如何应对产品伤害危机事件并未形成统一的认识，甚至连一些大品牌的公司，如三星等，都未能清楚地了解当发生危机事件后应该如何有效应对，进而降低其负面效应。本书的结论可以帮助企业更深刻地认识该问题，并为其有效选择应对策略提供可靠的参考和建议，更可以帮助企业制定合理的产品伤害危机应急管理计划。而且，在当今竞争日趋激烈，企业所面临的外界环境动态性不断增强的情况下，能够有效管理产品伤害危机，对于企业的可持续发展也具有非常重要的现实意义。同时，有效的产品伤害危机应对策略能够及时弥补危机事件给消费者造成的心理、生理和经济上的损失，提高消费者的满意度，可以有效避免危机事件溢出效应的发生，从而保证行业经营的稳定和产业的持续发展。此外，针对共享经济中产品伤害危机事件管理的研究结果可以帮助共享平台制定合理的产品伤害危机应急管理计划，快速修复消费者信任水平，减轻危机事件给共享平台造成的负面影响，保证共享平台的健康发展，发挥共享经济在促进资源共享、提高资源利用率、实现供给侧结构性改革方面的价值。

第二章 文献综述

第一节 产品伤害危机的概念及分类

一、产品伤害危机的概念

在对产品伤害危机的概念进行介绍之前,首先必须明确什么是危机。通常来讲,一个组织面临的危机具有以下特征:(1)一种高度模糊的情况,其产生的原因和造成的影响是未知的(Dutton,1986;Quarantelli,1988);(2)发生的可能性很低,但却会对一个组织的生存构成重大威胁(Jackson and Dutton,1987;Shrivastava et al.,1988),也会对组织的利益相关者产生重大影响(Shrivastava,1987);(3)几乎没有时间做出反应(Quarantelli,1988);(4)有时使组织成员感到惊讶(Hermann,1963);(5)会让组织的决策和判断处于一个两难的境地,因为这些决策有可能会让企业转危为安,也有可能让企业处于更恶劣的境地(Aguilera,1990;Slaikeu,1990)。鉴于以上特点,皮尔森和克莱尔(Pearson and Clair,1998)提出了组织危机的定义,他们认为:"组织危机是会威胁到组织生存的低概率、高影响事件,具有导致事件的原因、事件引发的结果、处理事件的手段含糊不清的特性,同时当事件发生时必须迅速做出决策。"此外,他们还给出了一系列企业可能面临的危机,见表2-1。

表2-1　　　　　　　　　　　组织可能面临的危机

勒索	贿赂
恶意收购	信息破坏
产品篡改	工作场所爆炸
交通肇事	恐怖袭击

续表

版权侵犯	工厂爆炸
环境污染	性骚扰
电脑篡改	有害物质泄漏
安全漏洞	人员攻击
绑架	顾客指控
产品或服务抵制	产品召回
与工作有关的凶杀案	伪造
恶意造谣	对公司总部造成破坏的自然灾害
对主要产品或服务造成干扰的自然灾害	影响关键利益相关者的自然灾害
对组织的信息库造成毁坏的自然灾害	

资料来源:Pearson C M,Clair J A. Reframing crisis management [J]. Academy of Management Review,1998,23(1):59-76.

在表2-1中,皮尔森和克莱尔(1998)明确将产品伤害危机导致的产品召回列为企业可能面临的一种危机。产品伤害危机的概念由西莫克斯和库兹巴德于1994年提出,是指偶尔出现并被广泛宣传的、关于某个产品存有缺陷或对消费者具有潜在危险的事件。此定义被之后的大多数学者接受并沿用。但有的学者认为该定义不够精确,他们认为其中的"广为宣传"与"缺陷、危险"是一个相对宽泛的概念(Cleeren et al.,2017)。"缺陷"对一部分客户可能是致命的,对另外一部分客户则是无关紧要的;而"广为宣传"则涉及当今社会中各种各样的信息渠道,且忽略了未被社会媒体曝光或未被社会公众广为传播的产品伤害危机事件。因此,他们提出了一个更为精确的定义:产品伤害危机是一个离散的事件,事件中的产品被认为存在缺陷,该缺陷对其相关潜在客户群中的至少一部分客户是危险的。

产品伤害危机不同于产品召回,但二者又紧密联系。产品召回是指制造商或经销商因产品可能造成健康、安全问题或可能导致消费者死亡而将其撤出市场的行动。通常情况下,产品伤害危机会导致产品召回,即产品召回是产品伤害危机的后续行动,也就是说,产品召回是应对产品伤害危机的一种方式。产品召回是企业在产品违反相关法规、安全标准的前提下自愿或强迫采取的行动,一般分为主动召回与被动召回。

二、产品伤害危机分类

产品伤害危机可能由多种原因造成,如制造商的疏忽、产品的错误使用或蓄意破坏等(Vassilikopoulou and Siomkos et al.,2009),也有可能是产品设计缺陷或供应链上合作伙伴的原因。例如,2019 年福特因产品设计缺陷召回了44333 辆汽车,召回的原因是由于设计问题,当后悬架系统持续在高负荷震动和反弹工况下工作时,后车轮前束连接臂可能发生反向弯曲并导致疲劳断裂,造成车辆的转向控制能力降低,存在安全隐患。此外,福特汽车也曾发生多次因为供应商的问题而导致的召回事件,如 2019 年 12 月,福特汽车决定召回2019 年 7 月 15 日至 2019 年 10 月 1 日(含)生产的部分 2019 年款进口福特 F-150 LTD、F-150 猛禽皮卡汽车,共计 2411 辆。这次召回是由于供应商生产流程的变更,电池监控系统(BMS)端子处的接线金属圈密封胶可能会干涉端子的正确连接和紧固,导致端子连接松动等,可能造成车辆系统间歇性不工作或失效,因而影响仪表板显示、制动或转向辅助功能及导致发动机熄火;2020 年 1 月,福特汽车(中国)有限公司又宣布召回 2016 年 2 月 13 日至2017 年 10 月 25 日(含)生产的 2017 年款进口福特探险者汽车,共计 22492 辆,召回原因是车辆由于座椅供应商座椅骨架模具维护不当,可能会导致乘坐人手部受到伤害,存在安全隐患。

在所发生的这些产品伤害危机事件当中,根据产品缺陷是否违反了相关法律法规和安全标准,史密斯和拉里(Smith and Larry,2003)将产品伤害危机事件分为可辩解型与不可辩解型。可辩解型是指企业可以在媒体或法庭上澄清和证明产品是无害的、没有缺陷的;不可辩解型是指企业无法澄清和证明产品是无害的、没有缺陷的,产品需要被召回或退出市场,公司可能遭受大量的民事诉讼。这一分类被大多数学者接受,很多研究都是以这一分类为基础,例如我国学者方正在其多个研究中都沿用了这一分类(方正和江明华等,2010;方正,2007)。

此外,还有其他学者从不同角度对产品伤害危机进行分类,如库姆斯(Coombs,2007)以责任属性为依据,将产品伤害危机划分为蓄意型、过失型和受害型。依据行业中爆发危机的企业数量得多少,将产品伤害危机划分为单发型与群发型(王运周,2010)。单发型是指行业中仅有一家企业爆发产品伤害危机,群发型是指行业中有两家或两家以上企业爆发产品伤害危机。对群发型产品伤害危机,崔保军(2016)又依据是否蓄意,将群发性产品伤害危机划分为潜规则型和技术缺陷型。潜规则型群发型产品伤害危机，是指某行业内同时有多家企业按照行业内"流行秘方"蓄意生产经营有缺陷的产品并对消费者造成危害的事件，如我国发生的三聚氰胺奶粉事件、瘦肉精事件、地沟油事件、"毒凤爪"事件等。这类危机事件的发生是厂商的主观动机所致，为降低成本、增加利润而蓄意为之。技术缺陷型群发型产品伤害危机，是指由于行业内的某项通用技术或生产工艺存在缺陷致使生产加工的产品存在瑕疵并对消费者造成危害的事件，如2012年发生的涉及多家白酒企业的"塑化剂风波"，是由于企业在生产白酒过程中使用的塑料设备溶出塑化剂所致。

此外，赵宝春和钟立文（2016）从产品伤害危机中产品伤害问题的来源的角度进行考虑，将由供应商的问题引发的产品伤害危机称为外源性产品伤害危机。

第二节　产品伤害危机应对策略及其有效性研究

一、产品伤害危机应对策略分类

产品伤害危机应对策略指在发生产品伤害危机后企业针对危机事件所做出的反应和管理对策。在现有的研究中，学者们对应对策略的分类不尽相同，其中较具有代表性的研究包括麦克拉伦和科迪（McLaughun and Cody et al.，1983）按照企业应对失误事件（failure event）的缓和（mitigation）或恶化（aggravation）程度提出了包括承认、借口、辩解和否认四种策略的"缓和-恶化"连续体。类似的，马库斯和古德曼（Marcus and Goodman，1991）提出了和解（accommodative）和辩解（defensive）的策略分类，和解策略意味着承担责任和采取修复行动，而辩解策略则表示企业会否认存在问题并拒绝承担责任。库姆斯和霍拉迪（Coombs and Holladay，2002）从情境危机沟通理论（situational crisis communication theory）的角度，提出企业应对危机的策略包括主要策略和补充策略。主要策略包括拒绝、减轻责任和重建三种，其中拒绝策略包括攻击指控者（attack the accuser）、否认（denial）和替罪羊（scapegoat）；减轻责任策略包括借口（excuse）和辩解（justification）；重建策略包括补偿（compensation）和道歉（apology）；补充策略包括提醒（reminder）、讨好（ingratiation）和受害者（victimage）三种。与此不同的是格里芬和巴宾等（Griffin and Babin et al.，1991）在危机应对策略中提出了缄默（reticence）

的概念,即企业对危机没有做出任何反应或者声称"无可奉告""暂时无法评论"等。

西莫克斯和库兹巴德(1994)则在他们所提出的企业应对产品伤害危机策略策连续统一体的概念中考虑了另外一个因素——反应的时间点,即企业做出的反应是否在第三方(如政府部门)介入之前,由此提出了强制召回和自愿召回的策略,从而形成包括否认、强制召回、自愿召回和积极努力的应对策略连续体。其中超级努力指在应对中要考虑到消费者的利益,企业要具有社会责任感、对事件保持诚实等。另外,陈和加内桑等(Chen and Ganesan et al.,2009)也基于企业应对产品伤害危机的时间维度,提出了积极召回(proactive recall)和消极召回(passive recall)两种应对策略。戴维森和沃雷尔(Davidson and Worrell, 1992)以企业发出的召回公告为研究样本,提炼出企业应对策略除了政府要求的强制召回和自愿召回外,还包括具体的换货(product replacement)、退款(cost refund)、维修(repair)和检测(check the condition of a product)。

而现有的其他研究中所采用的召回策略的分类基本上都是以上面这些研究为基础,如鲁普(Rupp, 2001)、张音和黄敏学(2012)、方正等(2010)、陈锟和彭怡等(2012)、方正和杨洋等(2011)、胡和赵等(Hu and Zhao et al., 2014)、胡和杰巴尼等(2017)等。

二、产品伤害应对策略有效性的研究

该方向的研究主要从投资者和消费者两个视角展开。从投资者视角展开的研究,主要是通过收集来自华尔街日报、相关政府部门报告等二手数据,并采用事件研究法对数据进行分析,进而研究产品伤害危机和产品召回给企业财务绩效(主要是股价)带来的影响。表2-2列出了这一方向上现有的部分文献。

表2-2　　　　　　　　产品伤害危机对企业财务的影响研究

作者(年)	方法	结果
普鲁伊特和彼得森(Pruitt and Peterson, 1986)	二手数据	非汽车产品召回对受影响企业的股权持有者产生显著的负面财务影响。此外,市场反应的程度与召回直接成本的市场价值之间没有显著关系。

续表

作者（年）	方法	结果
霍费尔和普鲁伊特等（Hoffer and Pruitt et al., 1988）	二手数据	在修正一些方法论上的问题后，对贾雷尔和波斯纳（Jarrell and Peltzman, 1985）1975~1981年的数据进行重新分类和分析，研究结果发现："几乎没有证据"表明召回会对企业或竞争对手有显著影响。
戴维森和沃雷尔（1992）	二手数据，事件研究	（1）产品召回公告将会导致负面的非正常回报。 （2）相对于宣布修复或检查产品的召回公告所导致的非正常回报，替换产品或返回购买价格的召回公告所导致的非正常回报将更为负面。只有有限的证据表明，政府强制召回比自愿召回产生的负面非正常回报更多。 （3）产品退市公告比召回公告对股价的负面影响更大。
鲁普（2001）	二手数据	市场对政府发起的召回行动的反应不会给股东带来更多的损失。
鲁普和泰勒（Rupp and Taylor, 2002）	二手数据	政府会发起涉及老款和财务状况不佳企业的规模更大、风险更小的召回。低成本的召回更有可能由制造商发起。
哈斯查尔德和瑞伊（Haunschild and Rhee, 2004）	二手数据	当学习被表示为后续的非自愿召回数量减少时，自愿召回能比强制召回产生更强的学习效果。
戈文达拉扬和雅吉等（Govindaraj and Jaggi et al., 2004）	事件研究	市场损失大致等于直接和间接成本的最坏估计。 随着有关实际成本的信息的获得，企业的市场价值会逐步恢复。 这些结果表明，市场最初会对召回的公布反应过度，这种反应通常是因为消费者认为召回会带来潜在损失。 当能够获得实际成本信息时，这种反应就会得到纠正。 在竞争对手方面，结果显示，轮胎和汽车行业的主要竞争对手的股票市值有显著的增长。
鲁普（Rupp, 2004）	二手数据	（1）汽车召回的间接成本可能大于直接成本。 （2）没有证据表明政府发起的召回行动对股东的损害比制造商发起的行动更大。
朱和林等（Chu and Lin et al., 2005）	二手数据	研究了非汽车召回事件对证券价格反应的影响，并进行了跨行业事件研究，发现药品、化妆品行业受影响最严重，橡胶、汽车行业受影响最小。
谢和尚等（Cheah and Chan et al., 2007）	二手数据	在英国和美国，尽管所有危险级别召回的平均风险调整回报率均为负，但是，在美国，产品危害程度越严重，美国企业遭受的财务损失就越大，而英国企业的财务损失在所有产品危害程度上都是一样的。

续表

作者（年）	方法	结果
万黑德和海尔森等（Van Heerde and Helsen et al., 2007）	二手数据	（1）声誉可能是一种组织责任，因为声誉高的企业会因产品召回而遭受更多的市场惩罚。 （2）几乎没有享有同等声誉的替代品可以缓冲市场对产品召回的负面反应。
陈和加内桑等（2009）	二手数据	无论企业和产品的特点如何，主动策略对企业价值的负面影响要大于被动策略。
斯鲁迈莱和辛哈（Thirumalai and Sinha, 2011）	二手数据	（1）从总体上看，市场对医疗器械产品的召回的惩罚并不显著，也就是说，低质量所带来的成本（股价）并不严重；医疗器械召回的财务后果的大小受到企业产品范围、销售、增长前景和资本结构的影响。 （2）专注于研发、开发更广泛产品组合的企业召回设备的可能性更高，而召回设备的可能性随着之前的召回经验的增加而降低，这表明存在学习效应的可能。
霍拉和巴普吉等（Hora and Bapuji et al., 2011）	二手数据	三个因素会影响什么时间进行召回： （1）企业所采取的召回策略（预防性或反应性）； （2）产品缺陷的类型（制造缺陷或设计缺陷）； （3）发出召回的供应链实体（玩具公司、经销商或零售商）。
弗雷德曼和科尔尼等（Freedman and Kearney et al., 2012）	二手数据	（1）没有找到制造商内部对不同玩具产生溢出效应的证据。 （2）研究结果发现，全行业的大规模溢出效应表现为即使没有经历任何召回的制造商都会有销售损失。

资料来源：笔者自行整理。

通过将召回公告和股价变动进行综合分析，基本上现有研究都肯定了产品伤害危机及召回都会给焦点企业带来巨大的经济损失（Jarrell and Peltzman, 1985；Davidson and Worrell, 1992；Thirumalai and Sinha, 2011）。

学者们在分析产品伤害危机和产品召回给企业带来的财务影响时，也区分了不同的应对策略的影响。戴维森和沃雷尔（1992）比较了产品更换、退款、维修和产品检测这四种不同的策略，研究结果发现产品更换或退款的召回公告与维修或产品检测的召回公告相比，所带来的股价的异常报酬（abnormal returns）更加负面。另外，他们也发现相比于产品召回，股票市场对产品退市的反应更加消极。鲁普（2001）发现，政府发起的召回不会导致更大的股东损失。陈和加内桑等（2009）得出结论，不论企业和产品具有什么样的特征，主动召回比消极召回给企业带来的财务损失更大。

此外，从企业财务绩效的角度来看，产品伤害危机还有可能产生较强的溢出效应，既包括同行业企业之间的溢出效应，也包括同一企业内部不同产品之间的溢出效应。对于同行业企业之间的溢出效应，似乎更具有行业依赖性特征：在食品和医药行业存在着较强的负面溢出效应（Jarrell and Peltzman，1985；Van Heerde et al.，2007）；但是在轮胎业，却能够检测到较强的正向溢出效应（Govindaraj et al.，2004）。对于同一制造商内部的溢出效应，弗雷德曼和科尔尼等（2012）却没有找到任何证据支持。

从消费者视角展开的研究，主要是研究产品伤害危机应对策略如何给企业带来负面影响，包括需求的降低（Crafton and Hoffer et al.，1981；Marsh and Schroeder et al.，2004；Van Heerde and Helsen et al.，2007）和营销策略的无效（Van Heerde and Helsen et al.，2007），并揭示其背后的影响机理。表2－3列出了从消费者视角展开研究的部分文献。

首先，需求降低是由于产品伤害危机和召回影响了消费者的再次购买意愿。莫文（1979）认为，消费者购买由召回企业生产的替代产品的倾向受到企业做出召回决策所花费时间长短的影响。然而，西莫克斯和库兹巴德（1994）的研究则认为企业对产品伤害危机事件的具体反应（否认、强制召回、自愿召回、超级努力）对于消费者感知的危险和未来购买倾向没有显著的影响。另外，购买倾向也会受到供应链合作伙伴特征的影响。根据卡巴达意和莱尔曼（Kabadayi and Lerman，2011）的研究结果，如果制造商使用消费者信任的零售商，则相比于采用消费者不信任的零售商，消费者购买意愿降低得更少。

还有一些研究试图更近一步解释为何购买意愿会降低。他们认为购买意愿的降低主要是由于消费者对企业责任的判断（McDonald and Sparks et al.，2010）、过失的归因（Laufer and Gillespie，2004；Laufer et al.，2005）或消费者对企业品牌的评价（Laufer and Gillespie，2004；Laufer et al.，2005）发生了改变。然而，虽然产品伤害危机和产品召回能够给购买意向带来负面影响，但是这种负面影响会随着时间而逐渐淡化（Vassilikopoulou and Siomkos et al.，2009）。

表2－3　　　　　　　消费者视角有关产品伤害危机的研究

作者（年）	方法	结果
莫文（1979）	实验	缺陷产品造成伤害的严重程度、企业决定召回的时间长短、之前的召回次数等都会影响消费者购买该企业产品的意愿。

续表

作者（年）	方法	结果
西莫克斯和库兹巴德（1994）	实验	企业的具体反应（否认、强制召回、自愿召回、超级努力）对感知危险和未来购买意愿没有显著影响。
达沃和皮鲁德拉（Dawar and Pillutla, 2000）	田野调查与实验	消费者对企业应对策略的解释基于他们先前对企业的期望。消费者的期望和企业应对策略会交互影响危机后的品牌资产。
克莱因和达沃（Klein and Dawar, 2004）	实验	对危机事件的归因中介了企业社会责任和责备之间的关系，会对品牌评价产生负面影响。品牌评价正向影响购买意愿。
劳弗和吉莱斯皮（Laufer and Gillespie, 2004）	实验	消费者的性别会影响产品伤害事件责任的归属（相对于男性，女性会把更多的责任归咎于企业）。
劳弗和希尔韦等（Laufer and Silver et al., 2005）	实验	当产品缺陷严重时，消费者会更多地指责企业。
瑞伊和哈斯查尔德（Rhee and Haunschild, 2006）	实验	在汽车行业中，声誉良好的企业在发生产品缺陷和发布产品召回公告时，其市场份额下降的幅度要大于声誉较差的企业。
瓦斯里可普路等（Vassilikopoulou et al., 2009）	实验	消费者的购买意愿和对召回企业的印象会随着时间的推移而逐渐恢复；特别是，当企业有社会责任或发布自愿召回时，会恢复得更快。
麦克唐纳等（McDonald et al., 2010）	实验	危机沟通［不评论（no comment），借口（excuse），否认（denial），辩解（justification），招供（confession）］会显著地影响消费者对企业责任的判断。
卡巴达意和莱尔曼（2011）	实验	对零售店的信任会调节原产国（country-of-origin）对产品评价和购买意愿的负面影响；具体来说，信任可以显著降低原产国对消费者购买意愿的负面影响。

资料来源：笔者自行整理。

第三节 产品伤害危机中的消费者行为研究

消费者经历产品伤害危机并产生一系列内心活动和外在行为的过程，称为消费者的反应机制。汪兴东等（2013）采用扎根理论，利用网络论坛中的帖子探讨了顾客反应机制的形成过程，发现消费者会首先感知产品伤害危机以及企业的动作，根据感知结果完成责任归因，进而产生各种负面情绪，最后采取一定的行动以缓解心理落差或者缺陷产品带来的伤害。张音等（2014）放大了观察的角度，认为对于产品召回和产品伤害危机，不仅消费者会对其进行评价和传播，其他社会公众的关注和评价也会对企业带来深远影响。

当产品伤害危机发生时，与缺陷产品发生直接联系的消费者会首先感知危害，已有许多研究探讨感知危害在产品伤害危机事件应对中的重要作用，如将感知危害和负面情绪作为中介变量，研究企业召回策略和缺陷严重程度与产品评价和购买意愿之间的关系（孙莹等，2014）。桑辉和井淼（2012）则从行业（品类）视角出发，综合考虑了产品类别特征、企业特征、消费者个体差异对消费者感知的影响差异，当消费者感知到危害后，其情绪、信任、忠诚度、消费意愿等会产生变化。产品伤害危机也被称作负面事件，一般都会导致消费者的负面情绪，孙莹等（2014）直接把负面情绪作为一个整体变量，建立了产品召回中负面情绪及感知风险对购买意愿影响的概念模型，并进行实证检验。汪兴东等（2013）则详细研究了愤怒和无助情绪作用于消费者行为的机制，还引入消费者忠诚度这一变量，认为不同忠诚度的顾客会产生不同的情绪和行为。

此外，负面情绪和感知危害等许多因素都会对消费者信任产生影响。而随着竞争的加剧，消费者信任越来越被当作企业的无形资产，因此许多学者越发重视对消费者信任的研究。在产品伤害危机中，与消费者信任相关的研究可以从信任受损和信任修复两个角度展开。产品伤害危机发生后，消费者可能会通过负面情绪、感知危害、感知风险等降低信任度，信息的快速传播会加剧消费者信任受损的广度和深度，甚至对行业内外产生负面外溢效应。徐彪等（2014）在前人研究基础上划分了信任受损维度（能力和善意），并进一步验证了不同维度信任受损的外溢效应。崔保军（2016）则从行业视角把信任划分为行业信任和制度信任，研究不同类型的群发型产品伤害危机对两类信任的损害。对于信任修复，绝大多数研究表明，积极的应对策略，如道歉、赔偿等对信任修复更加有利。王雪芳和张红霞（2017）通过案例分析研究得出积极的企业沟通策略及广告策略有利于信任修复。从企业应对策略到消费者信任重建，实际上是一个信息的传递过程，消费者会判断企业的策略是否符合自我期望，进而选择是否继续信任该企业。韩亚品和胡珑瑛（2013）则建立了信息传播与信任修复的交互作用模型。

对消费者购买意愿，大多数学者遵循"自变量—感知风险—购买意愿"

的研究范式。这种范式以企业为切入点,其中自变量包括企业特征(桑辉和井淼,2012)、召回程度(孙莹等,2014)、企业应对策略(汪兴东和景奉杰,2011;赵宝春和钟立文,2016)等。而韩冰等(2018)则以消费者为切入点,从社会阶层的相关研究理论视角进行探讨。除了购买意愿,亦有学者对消费者其他行为,诸如报复、抱怨、寻求解决等展开研究。对于消费者报复,王汉瑛等(2018)从转基因食品行业入手,研究企业社会责任声誉对消费者报复行为产生的影响。青平等(2014)则关注报复行为中的网络逆向传播行为。逆向传播行为是指消费者会基于自我认知和情感倾向对所接触到的负面信息不加验证地进行传播,从而达到报复的目的。

第四节 研究现状评述

综上所述,虽然已经有学者在产品伤害危机管理领域做出了很多贡献,也开始认识到在产品伤害危机情境下组织合法性的重要并展开研究。然而,仍然存在一些问题需要解决。

(1) 总体来看,对产品伤害危机情境下组织合法性领域的研究仍不够丰富,尤其对于危机情境下组织合法性获取的途径和作用机理的研究还不够深入。

(2) 对于产品伤害危机中的非对称信息的假设体现得不够充分。基本上现有的研究都假设消费者对产品伤害危机的严重程度、覆盖范围等都有充分的信息,在此基础上结合企业的应对策略得出对企业的评价、归因等。然而,现实中,消费者往往处于信息的劣势地位,对于危机事件的了解并不充分,企业也很有可能会有意隐瞒相关信息,消费者对企业做出的评价主要基于企业所表现出来的态度、行为和通过其他渠道(如媒体、政府和相关专家等)所获得的信息。因此,基于对称信息假设所得出的研究结果是否适用于非对称信息的实际情况,尚待研究。

(3) 现有研究对产品伤害危机情境下企业应对策略对消费者行为的影响机理的研究侧重于解释基于责任归因和风险认知等理性分析,而对于非理性的消费者行为的解释并不充分。

(4) 现有研究几乎都是以西方的产品伤害危机事件为背景,对中国的消费者关注较少。然而,随着中国市场上产品伤害危机事件的不断出现,有必要针对中国的消费者开展研究。

（5）现有的研究基本都是以单一地区或国家的产品伤害危机事件为研究背景，对于跨国的产品伤害危机事件管理研究涉足较少。

（6）现有研究主要关注传统制造业的产品伤害危机事件，然而随着共享经济等新型商业模式的出现，产品伤害危机事件发生的背景产生了巨大的变化，在新的商业模式中，消费者的心理和行为都与传统制造业有所不同，但是已有研究并未对这种新型商业模式中的产品伤害危机事件管理展开探讨。

第三章　相关理论基础

第一节　服务主导逻辑理论

服务主导逻辑最早是瓦戈和勒斯克（2004）在他们题为 *evolving to a new dominant logic for marketing* 的著作中提出的。该概念的提出迅速引起了人们的兴趣，并引发了对营销逻辑的反思。

在瓦戈和勒斯克（2004）提出服务主导逻辑之前，不论企业的管理还是社会经济的发展，遵循的都是产品主导逻辑（goods-dominant logic），即以产品为中心，其基本假定如下。

（1）经济活动的目的是制造和分配可以出售的东西。

（2）这些东西要想被出售，就必须在生产和分销过程中嵌入效用和价值，相对于竞争对手的产品，必须能够给消费者提供更大的价值。

（3）企业应将所有决策都关注于如何能够从销售产出中获得最大的利润。

（4）为了最大限度地控制生产和提高效率，商品应该标准化、远离市场进行生产。

（5）当产品被生产出来之后，可以被库存，直到消费者对产品有所需求，然后以一定的利润率交付给消费者。

之所以会出现以产品为主导的管理理念，是因为在1960年之前企业销售的主要对象是农产品等有形产品，那时的营销被认为是货物所有权的转移以及有形产品的运输（Savitt, 1990）。营销文献很少提到"非物质产品"或"服务"，即使提到它们时，也只是认为服务"有助于产品的生产和销售"。

以服务为中心的观点与以产品为中心的观点截然相反，其遵循服务主导逻辑，主要观点如下。

（1）识别或发展代表经济实体潜在竞争优势的核心能力、基本知识和技能。

(2) 识别可以从这些能力中受益的其他实体（潜在客户）。

(3) 培养让客户参与开发定制的、具有竞争力的价值主张以满足特定需求。

(4) 通过分析财务业绩来衡量市场反馈，学习如何改进企业向客户提供的价值，提高公司的业绩。

服务主导逻辑的核心是以客户为中心（Sheth and Sisodia et al., 2000）及市场驱动（Day, 1999）。这意味着不仅是以消费者为导向，还意味着与客户合作和向客户学习，并适应他们的个人和动态需求。以服务为中心的主导逻辑意味着价值由消费者定义并与消费者共同创造，而不是嵌入产品中。为此，瓦戈和勒斯克（2004）总结了服务主导逻辑和产品主导逻辑的主要区别，见表3-1。

表3-1　　　　　服务主导逻辑和产品主导逻辑的区别

区别特征	产品主导逻辑	服务主导逻辑
主要交换单位	人们交换商品。这些商品主要作为对象性资源	人们通过交换以获得专门能力（知识和技能）或服务所带来的益处。知识和技能是操作性资源。
商品的作用	商品是对象性资源和最终产品。营销人员负责改变其形态、地点、时间和所有权	商品是操作性资源（嵌入式知识）的传递者；它们是其他操作性资源（客户）在价值创造过程中用作载体的中间产品。
客户的角色	客户是商品的接受者。营销人员对客户做事情；他们对客户进行细分、渗透、配送及推广。客户是对象性资源	客户是服务的共同生产者。市场营销是一个与客户互动的过程，客户主要扮演操作性资源的角色，只是偶尔作为对象性资源。
价值的确定和意义	价值由生产者决定。它嵌入在对象性资源（货物）中，并以通过"交换值"的形式来进行定义	价值是消费者在"使用价值"的基础上感知和确定的。价值是由于操作性资源的有益应用，有时通过对象性资源传递。企业只能做出价值主张。
企业—客户互动	客户是对象性资源。需要与客户互动以创建资源交易	客户主要是一个操作性资源。客户是关系交流和共同生产的积极参与者。
经济增长的源泉	财富是从剩余的有形资源和商品中获得的。财富包括拥有、控制和生产对象性资源	财富是通过专业知识和技能的应用和交流获得的，它代表了未来使用操作性资源的权利。

资料来源：Vargo S L, Lusch R F. Evolving to a new dominant logic for marketing [J]. Journal of Marketing, 2004, 68 (1): 1-17.

服务主导逻辑可以解释为什么本书可以从服务补救的角度来进行伤害危机应对方面的研究。

首先，服务主导逻辑强调的是客户导向（Lusch and Vargo，2006）。企业经营的主要目的是为客户提供价值，因此，企业必须重视客户感知的重要性，不仅要为客户提供高质量的产品，更要关注在产品的整个生命周期内提供让顾客满意的服务。例如，除了高质量的售前和售中服务，企业还应该提供优质的售后服务。企业的责任不应该以销售产品而结束，而应该延伸到产品的生命周期结束。因此，当产品被发现存在缺陷时，企业应该采取召回缺陷产品等措施，使消费者的损失降到最低，最大化产品对消费者的价值，进而影响消费者对产品和企业的感知。

其次，服务主导逻辑的一个基本前提是商品是提供服务的载体（Lusch and Vargo et al.，2007），也就是说，商品是服务的一部分。当产品被发现有缺陷时，可以被看成是一种服务失误，企业应该采取措施进行补救。因此，可以从服务补救的角度来探讨产品伤害危机的应对问题。

第二节　组织合法性理论

一、组织合法性的内涵

制度理论提出组织的生存和发展不仅依赖于物质资源，也依赖于组织与其环境的同构性（isomorphism）。因此，组织必须遵从其所处环境的规则和价值系统（DiMaggio and Powell，1983；Scott，2001），如果组织的行为偏离了社会规范、价值观和期望，制度压力将会强迫组织进行改变，进而形成同构化（DiMaggio and Powell，1983；Milne and Patten，2002），而在同构的过程中，组织也就获得了合法性（Suchman，1995；Deephouse，1996）。

组织合法性是观察者对一个组织的社会判断（Ashforth and Gibbs，1990）。对组织合法性的定义可以分为两个视角：评价的视角和认知的视角。评价角度的定义基于一致性或符合性的评价，认为当一个组织的行为与它所在的高一级社会系统的规范和价值观相一致或符合它的观察者对行动的期望时，组织就具有了合法性（Dowling and Pfeffer，1975；Deephouse，1996）；而从认知角度提出的定义认为，组织合法性的获得并不是因为它们符合预期，而是因为它们的行为是可以被理解的，也就是既有的文化因素能够在多大程度上帮助解释组织的行为（Meyer and Scott et al.，1985）。在综合了以上两个视角的基础上，萨奇曼（Suchman，1995）提出了一个更具有普适性的定义：合法性是一个普遍的感知或假设，即一个实体的行为在一些社会构建的规范、价值观、信念和定义系统中被认为是可取的（desirable）、适当的（proper）或恰当的（appropriate）。需要明确的是，虽然组织合法性体现的是人们对组织的一种认可和接受，但它并非一个是或否的问题（Boyd，2000）。萨奇曼的这个定义已经得到了学者们的普遍认可和广泛引用。

组织合法性的概念不同于其他在产品伤害危机研究中所关注的构念，如企业社会责任和声誉等。组织的合法性区别于企业社会责任感，企业社会责任是通过自主选择的管理实践和企业资源配置来改善社区福利的承诺（Perrini，2005），包括旨在改善社会或环境条件的自愿行动（Mackey and Mackey et al.，2007）。这两个概念的区别体现在以下两个方面。首先，概念的目的不同。合法性倾向于赢得其他人的接受，而企业社会责任则旨在保护和改善整个社会的福利和组织的利益（Sen and Bhattacharya，2001）。其次，实现合法性和社会责任的方法不同。为了实现合法化，组织既可以采取实质性（substantive approach）方法，也可以采用象征性（symbolic approaches）方法（Ashforth and Gibbs，1990；Milne and Patten，2002）。实质性方法涉及与组织目标、结构和过程或社会制度实践有关的实质性的变化；而象征性方法只是改变行为的意义，并不涉及实质性的改变。象征性方法包括对社会认可的目标支持、拒绝和隐瞒，重新定义管理的手段和目的，解释原因，道歉等。象征性方法对于实现企业社会责任毫无意义。企业社会责任要求实质的变革和行动，而且这些行动通常超过期望或法规要求（Porter，2008）。

组织合法性与声誉（reputation）也不同。虽然二者在前导变量、社会构建过程和引起的结果方面存在着相似性，例如，它们都是利益相关者对组织的评价（Ashforth and Gibbs，1990；Fombrun and Shanley，1990），都会受到组织规模、慈善活动、战略联盟和遵守法规等因素的影响（Fombrun and Shanley，1990；Oliver，1990；Stuart，2000），都能够帮助组织获得更多的资源（Hall，1992；Suchman；1995）。但是，二者之间还是存在着明显的区别。组织合法性强调通过遵守社会规范和符合观察者的期望来获得社会的接受和认同，而声誉更强调组织之间的比较，当组织的绩效优于其他组织或竞争对手时（如财务绩效），也会获得比较高的声誉，但并不能提高其合法性（Deephouse and Carter，2005）。

二、组织合法性的维度及测量

目前的研究基本已经形成共识,即组织合法性并非一个单一维度的构念,但在维度的构成上,现有研究却尚未形成统一认识。不同的学者从不同的角度提出了组织合法性的维度,如根据合法性的评价者来自组织的内部还是外部,辛格和图克等(Singh and Tucker et al.,1986)将合法性分为外部合法性和内部合法性;萨奇曼(1995)根据组织合法性的获得过程将其分为三类:务实合法性、道德合法性和认知合法性。务实合法性取决于组织直接受众的自我利益计算。道德合法性取决于对给定活动是否是"正确的行为"的判断。一般来说,道德合法性有四种形式:对产出和后果的评价(结果合法性),对技术和程序的评价(程序性合法性),对类别和结构的评价(结构合法性)和对领导人和代表的评价(个人合法性)。认知合法性是基于认知的,它有两种变体:基于可理解性的合法性和基于"理所当然"的合法性。吕夫和斯科特(Ruef and Scott,1998)从制度理论出发,提出了管制合法性(regulatory legitimacy)、规范合法性(normative legitimacy)和认知合法性(cognitive legitimacy)三个维度。另外,博伊德(Boyd,2000)根据评价的对象,又提出了制度合法性和行为合法性的概念。齐默尔曼和塞茨(Zimmerman and Zeitz,2002)还提出了产业合法性的概念,分析产业在发展过程中所经历的合法性的变化过程。在这些对合法性的分类中,得到广泛认可的是吕夫和斯科特(1998)和萨奇曼(1995)的分类方法。

组织合法性的测量方面,在已有文献中,学者们采用了许多不同的客观指标作为替代指标(proxies)来近似测度组织合法性。近年来,一些学者也在尝试开发直接测度组织合法性的感知性主观量表。比如,基于"具有合法性的组织是获得其环境认可或接受的组织"这样一种认识,赛特和霍奇(Certo and Hodge,2007)开发了以关键利益相关者的认可度来测度合法性的主观量表。该量表包括4个题项:"顾客高度评价贵企业的产品""供应商希望与您做生意""员工会自豪地告诉别人他们是您公司的成员""竞争者对您公司很尊重"。杜运周和张玉利等(2012)在该量表的基础上进行了扩展,将投资者和政府对企业的认可也涵盖进来,增加了3个题项:"投资者愿意与贵公司接洽""政府高度评价贵企业的经营行为""某些相关政府官员高度评价贵企业",从而构成了一个包含7个题项的组织合法性量表。

三、产品伤害危机中的组织合法性管理

在战略管理、创业管理和组织管理中,合法性对组织的重要性已经得到充分肯定。其原因在于,首先,合法性是一种重要的资源(Perrow,1970;Dowling and Pfeffer,1975;Meyer and Rowan,1977),它可以帮助吸引经济资源并获得企业持续成功运营所需的社会和政治支持(Ogden and Clarke,2005)。其次,合法性不仅影响人们如何对组织采取行动,而且还能影响他们如何理解这些组织(Suchman,1995;Vergne,2011)。观察者会认为合法的组织更有价值、更有意义、更可预测和更可信。最后,合法性能够为企业的决策和行为进行辩护,只有具有合法性的行为和决策才有存在的合理性和必要性,因此,所有的组织决策都需要合法化。

然而,组织合法性虽然重要,但是它却不是一劳永逸的,当产品伤害危机事件发生时,企业就会陷入合法性危机。这主要是因为产品伤害危机的发生意味着对消费者期望企业能够提供高质量产品的一种违背,从而导致消费者对其合法性评价的降低(Zavyalova and Pfarrer et al.,2012)。为此,企业需要通过多种策略来维护和重塑其合法性。因此,一些学者开始探讨危机管理中的合法性问题,如艾伦和卡尔洛特(1994)研究如何通过印象管理来帮助企业在危机情境下维护合法性。梅西(Massey,2001)采用准实验的方法研究在危机中企业对不同利益相关者反应的一致性和企业的专业化程度对感知组织合法性的影响;戴鑫等(2010)则根据组织合法性理论提出了企业在危机情境下的4种合法性策略并在此基础上研究这些策略对消费者满意度、信任和购买意向的影响。胡和赵等(2014)则以产品伤害危机为背景,研究召回的主动性和补偿策略对消费者感知合法性和购买意向的影响,并用实验的方法加以验证。

第三节 公平理论

一、公平及公平理论的基本内涵

公平理论(justice theory)源于社会交换(Homans,1961),该理论认为交换关系应该是平等的,即资源应该等价交换,也就是所谓的公平。如果成本高于收益,个体就会感知到不公平,就可以采取行动降低不公平的程度。公平

理论提供了一个理论框架，从三个不同的角度解释关于服务的公平感知：结果公平（distributive justice）、过程公平（procedural justice）和互动公平（interactional justice）。结果公平是指实际或有形结果相对于投入（如折扣、优惠券和免费膳食）的感知公平（Blodgett et al.，1997；Ok et al.，2005）；过程公平是指企业为实现补救努力而采用的政策、程序和标准（即等待时间、响应能力和程序灵活性）的公平性（Blodgett et al.，1997；Tax et al.，1998）。互动公平是指消费者在补救过程中所受到的公平对待（即礼貌、道歉或解释）（Tax et al.，1998；McColl-Kennedy，2003）。这三种公平对消费者的态度和行为都会产生显著的影响（Wirtz et al.，2004）。常（Chang，2012）根据线上交易频率，发现交易频率高的客户更多地关注过程公平。张新（2016）认为感知公平正向影响消费者重购意愿，情感忠诚在感知公平和重购意向之间起中介作用，并且感知有用性正向调节过程公平与情感忠诚的关系。克莱梅（Clemmer，1993）发现过程公平程度越高，消费者的回购意愿越好，负面口碑的可能性越低。

消费者对某一特定情况下公平程度的感知不是一个绝对值，而是一种心理价值，并且每个维度的影响程度在该领域的研究人员中一直存在分歧。例如，塔克斯等（Tax et al.，1998）发现，互动公平对投诉处理满意度的影响大于结果和过程公平所产生的影响；而桑托斯和罗西（Santos and Rossi，2002）的研究却显示，结果公平在总效应中所占的比例相对较高。桑托斯（Santos，2008）认为那些经历了高度互动和结果公平的投诉客户倾向于从企业进行再次购买，并进行积极的口碑沟通；然而过程公平维度对消费者信任没有显著影响，对顾客满意度存在一定程度的影响。可能的解释是，客户理解处理失败的复杂性，他们要么接受没有收到立即的响应，要么不参与解决过程，但确实希望得到关怀性的处理（互动公平）和适当的最终响应（结果公平）。

结果公平与过程公平对顾客反应的交互效应在已有的研究中得到了肯定（Brockner，1996）。在预测服务失败后的满意度时，阿布巴卡（Abu Bakar，2018）认为结果公平和过程公平之间存在显著的交互作用，结果公平和过程公平共同创造一种公平感（Cropanzano，1991）。这种交互作用，为后续的公平启发理论的提出奠定了基础。公平启发理论的核心，一是公平判断如何形成，二是这种判断形成后，作为一种启发，对人的行为的导向作用（龙立荣，2004）。此外，过程公平感和互动公平感对顾客情感都有显著影响，加强顾客与企业之间的情感联系是服务补救的关键（Choi，2014）。

二、服务补救中公平理论的应用

公平理论的一个重要应用领域是服务补救中的消费者行为研究。该理论认为,当服务失败发生时,顾客可能会觉得,如果他们得到的是物质上的赔偿,而不是包括承认错误和道歉在内的心理上的补偿,那么结果公平也已经发生了。如果一家企业通过提供被视为适当补偿的补救措施来纠正失败,那么实际和预期的服务可能被视为相等的,也就不会在消费者的感知和期望之间形成差距;不但如此,这种感知还会让消费者产生满足感、回购意向、积极的口碑、更好的客户关系和忠诚度(Yildirim,2018)。蔡(Tsai,2014)的研究结果也证实了这一结论,认为当提供补救时,消费者会感到更公平,而这种公平的感知反过来又会有助于提高服务补救的满意度。但是,如果补救不当,顾客察觉到不公平时,他们就可能会表达不满,传播负面的口碑(Greenberg,1996)。因此,在服务补救中,公平是非常重要的一个概念,让消费者感知到公平也是需要企业采取措施进行补救的主要目的之一。

塔克斯等(1998)认为,互动公平指的是在服务补救过程中,从员工那里获得人际待遇的感知公平感。因此,互动公平可能包括人际敏感性、以尊严和尊重对待他人以及在服务补救的背景下为服务失败提供适当的解释(Ha,2009)。阎俊(2013)构建了关于服务补救的解释、沟通、制度、反馈和赔偿五维结构模型,其中解释和沟通通过互动公平正向影响顾客忠诚,制度和反馈通过过程公平正向影响顾客忠诚,赔偿通过结果公平正向影响顾客忠诚。斯帕克斯和麦科尔肯尼迪(Sparks and McColl-Kennedy,2001)的研究表明,过程公平和结果公平之间的双向互动也适用于消费环境。在他们的研究中,补偿对服务失败后满意度的影响取决于对企业政策的遵守程度(过程公平的操作性)。此外,也有学者发现,在服务失败时,如果过程处理不当,即补救时间延长,会带来一些负面影响,包括对补救的满意度降低和负面口碑,因此,推迟服务补救是一个糟糕的选择(Hogreve,2017)。巴拉卡特(Barakat,2015)认为在新兴市场中,结果公平的重要性要小得多,只有过程公平才能帮助失败的修复。吴(Wu,2020)建立了一个电子零售服务补救研究框架,以探索在线服务对服务失败后恢复客户满意度和忠诚度的影响,确认了结果公平在线上服务补救与恢复效果之间的关系中的中介作用。结果公平除了增强顾客的购买意向和补救后满意度外(Lin,2011;Ri'o-Lanza,2009),还增加可以积极情绪,减少消极情绪(Kuo,2011)。当服务失败后提供额外补偿时,库恩

(Kwon，2012)认为无论消费者与企业的关系水平如何，感知公平都会增加，但公平感的增强并不意味着会提高消费者的重复购买意愿。杰斯(Jas，2015)从感知产品质量出发，得出结果公平提高了对低感知质量服务补救的满意度，但过程公平导致了对高感知质量服务的更高满意度。蔡(Choi，2014)认为只有当失败严重度较高时，结果公平感才显著。当服务失败后提供额外的补偿时，不管消费者关系水平高低，对公平的感知都会增加(Pai，2017)。当企业对失败负有责任，并且失败被归因于一个稳定的原因时，补偿才能显著改善复购意向(Grewal，2008)，并且超额补偿会比全额补偿产生更高的结果公平感知(Noone，2012)。

但是，服务补救的所带来的效果，可能会受到个体所处外在环境的影响。艾尔布策(Albrech，2018)的研究显示，在群体层面(相互间知道)上发生的补偿和在个人层面上(相互间不知道)发生的补偿的两种情形，就恢复满意度而言，在补偿规模上表现出递减的回报率；然而，在群体层面上，补偿递减率大于个体层面，且在较低的补偿水平上满意度变化不大。

三、产品伤害危机管理中的公平

产品伤害危机可以视为服务失败的一种特殊情况。当出现产品伤害危机时，企业必须要及时纠正错误，进行补救，否则，消费者与企业的交换关系就会失去平衡。如果企业补救得当，就有可能恢复顾客满意度，增强忠诚度；如果补救不当，就会使情况恶化，并将顾客推向竞争对手。当产品伤害危机发生时，产品召回的目的就是避免企业形象继续受损，避免企业过失责任继续增加。

因此，为了能够有效补救产品伤害危机给消费者造成的损失，也为了恢复与消费者关系的平衡，企业必须向消费者提供与其所经历的服务失败程度相称的结果(Smith，1999)。米歇尔(Michel，2001)认为有效的客户投诉处理和服务补救可以将愤怒和沮丧的客户转变为忠诚的客户，其中补救措施包括承认问题，迅速纠正问题，为服务失败提供解释、道歉，授权员工当场解决问题，提供补偿(如退款、价格折扣、升级服务)，以及在服务补救过程中保持礼貌和尊重。

在处理产品伤害危机时，让客户知道导致服务失败的原因是至关重要的。但是，若服务补救不成功，服务补救透明性会形成质量差的信号，对消费者购买意图产生负面影响(Hogreve，2019)。胡和杰巴尼等(2017)将公平启发理论运用于产品召回与产品伤害危机中，消费者会将赔偿与产品缺陷造成的损失相对比，并判断企业处理结果的公平性。

第四节 信号传递理论

一、信号传递理论基本内涵

近几年，有关信号传递理论的研究大幅上升。信号传递理论最早是由经济学家斯彭斯（Spence）提出，斯彭斯（1973）创建了一种劳动力市场模型，该模型认为企业人事专员在进行招聘时，由于招聘者和应聘者双方信息不对称，因而招聘者不能正确地判断应聘者的实际生产能力，因此造成求职者入职后的不公平待遇。但对应聘者来讲，可以将教育水平作为一种信号积极地传递给招聘者，从而克服双方信息不对称，得到相对公平的待遇。斯彭斯（2002）认为信号传递理论从根本上讲是为了减少双方之间的信息不对称。

范培华和吴昀桥（2016）认为由于双方或多方在市场经济活动中拥有不同的信息，因此会导致信息不对称，信息掌握比较充分的人员或组织一般处于比较有利的地位，相反，掌握信息较少的人员或组织一般处于比较不利的地位。斯蒂格利兹（Stiglitz, 2002）认为当"不同的人知道不同的事情"时，就会出现信息不对称。他认为以往决策过程中提出的经济模型大多建立在信息完全假设下，而忽略了信息不对称，因此他对之前信息完全的假设予以否定，并认为企业在制定内外部决策时会受到信息情况的影响。目前，很多研究者在进行研究时开始关注信息不对称的背景假设，例如，产品的卖方和买方对于产品质量的信息不对称、企业与外部投资者之间信息的不对称等，在很大程度上促进了信号传递理论的发展。

康奈利和所图等（Connelly and Certo et al., 2011）认为信号传递理论的主要元素包括信号传递者、信号以及信号接收者。信号传递者是指获得外部人员无法获得的个人、产品、组织等相关信息的内部人员，如企业的高级管理人员。信号是指信号传递者向外界发布的有关组织内部的信息，如组织的产品或服务信息、企业的研究成果、销售情况等。有效信号包括两个主要特征：信号的可观测性和信号成本，信号可观测性是指外界人士能够多大程度地观察到此信号；信号成本是信号传递理论的核心。信号接收者对获得的信号进行观察、筛选和处理，从而做出合理决策。克马尼和饶（Kirmani and Rao, 2000）通过一个普通示例来说明基本的信号传递模型。他们假设有两家不同公司,一家公司属于高质量水平公司,另一家公司是低质量水平公司。本例中的公司知晓自己的真正水平,外部(如投资者、客户等)对公司的发展水平不了解,因此存在信息不对称。当高质量水平的公司向外界发出信号,他们得到的回报为 A,若不发出信号,他们得到的回报是 B;当低质量水平的公司向外界发出信号,他们得到的回报为 C,若不发出信号,则得到的回报为 D。当 A > B 和 D > C 时,说明信号传递是高质量企业可行的策略,此时,高质量水平企业就会产生信号传递的动机,而低质量水平企业不会产生信号传递动机,这就导致分离均衡。在这种情况下,企业外部的人员能够准确区分高质量和低质量公司。当 A > B 和 C > D 时,两种类型的公司都从信号传递中获益,这就导致混同均衡,外部人士无法区分这两种类型公司的真正质量水平。

很多研究者利用信号传递理论研究信息不对称对组织行为和绩效的影响。巴斯德奥和史密斯等(Basdeo and Smith et al., 2006)根据信号传递理论,研究了企业自身市场行为和竞争对手市场行为对企业声誉的影响,他们将市场行为作为传递企业潜在能力信息的信号,研究结果表明企业自身行为和竞争对手行为都会影响企业的声誉。道格尔和哈特布鲁格(Dögl and Holtbrügge, 2014)在信号传递理论基础上,对中国、德国、印度和美国的 215 家企业进行实证研究,结果显示绿色战略与文化、绿色技术与产品、绿色招聘与评估以及绿色沟通对企业的环境声誉有正向影响。冯慧群和马连福(2013)基于信号传递理论和代理理论,将 2008~2011 年上海和深圳的上市公司作为研究样本,探究董事会特征对现金股利政策的影响,研究结果表明,董事会的独立性特征对现金股利的分配倾向没有影响,而网络性和稳定性特征对现金股利分配倾向具有显著正向影响。

管理学者利用信号传递理论研究企业与投资者之间的信息不对称性。张和斯玛(Zhang and Wiersema, 2009)运用信号传递理论,将首席执行官的特质作为重要信号传递给投资界,提高公司财务报表的质量和首席执行官资质的可信度,进而对股票市场产生影响。在信息不对称的情况下,公司可以将股利宣告作为信号传递给投资方以及市场。王静和张天西(2014)基于信号传递理论探究现金股利分配和盈余质量之间的关系,他们以 2005~2010 年上海深圳两个城市的 A 股上市公司为研究样本,验证了不同类型的现金股利政策对企业盈余质量的影响。

信号传递理论也被广泛地应用到市场营销领域。企业可以将本企业的产品、服务、新产品研发等信息主动传递给外界,减少因信息不对称造成的影响。苏萌（2010）通过调查北京某大学180位在校生，研究新产品预发布对消费者购买倾向的影响，其中将新产品的特征、品牌等作为传递信号，通过对手机产品的预发布进行研究，发现消费者对新产品的购买欲望会受到企业品牌的影响。

信号传递理论也被广泛应用到供应链问题的研究。朱立龙和尤建新（2011）以博弈论和委托代理理论为基础，探讨了供应链节点上的企业在非对称信息条件下怎样进行质量信号传递的问题。供应商为获得最优质量契约可以将其生产过程、投资水平类型等作为信号传递给生产商，生产商可根据观察到的供应商质量预防水平确定其产品质量检验和加工处理水平。侯琳琳和邱菀华（2007）基于信号传递博弈理论，研究了非对称信息条件下两级供应链系统的信息共享和系统协调问题，他们设计了一种分离均衡的利润共享契约机制，其中将契约参数作为传递信号，最终验证了该契约机制可实现供应链需求信息共享以及使系统收益达到最优。

二、产品伤害危机中的信号传递

当产品不符合某些安全标准或含有可能对消费者造成严重伤害的缺陷时，就可能会发生产品伤害危机。近年来备受关注的产品伤害危机事件不断增加，众所周知的事件包括三星Galaxy Note7手机充电起火事件，以及丰田汽车意外加速事件等。产品伤害危机事件的频繁爆发，降低了消费者对制造商、零售商和政府确保产品安全质量的信心，影响了消费者的购买意愿以及对企业的信任度，因此对消费者的信任修复至关重要。

在发生产品伤害危机事件时，消费者和企业处于明显的信息不对称状态。消费者对产品伤害危机事件的认知和伤害属性、信息源、信息渠道和事件响应有关（范春梅，2019）。企业在进行产品伤害危机应对时所采取的召回方式可作为信号传递给外界。若企业采取主动召回的方式，则向外界传达的是一种积极负责的信号；若企业采取被动召回，则传达出的是逃避责任的信号。在产品伤害危机领域，信号传递理论受到学者们的关注。孙莹和杜建刚等（2014）以汽车产品召回为例，探究了产品缺陷严重程度和企业召回策略对消费者情绪和感知的影响，研究结果表明，企业发出主动召回策略信号时，消费者的负面情绪和感知风险会更低。陈和加内桑等（2009）探讨了企业产品召回策略对其财务价值的影响，通过研究，他们发现主动召回策略对企业财务价值的负面影响比被动召回策略大，其原因为股票市场将企业的主动召回策略解读为公司遭受重大财务损失的信号。尼和弗琳等（Ni and Flynn et al., 2014）基于归因理论和信号传递理论，提出了关于投资者如何看待零售商召回公告的各种属性假设。韩亚品（2014）基于信号传递博弈理论，分析在产品伤害危机中企业与消费者之间的动态博弈过程，揭示了企业分别采取道歉、赔偿和广告的信号传递方式对消费者信任修复的影响程度。管理者应在召回期间和召回后使用不用类型的广告，有策略地向外界传递信号，并努力准备召回后的补救措施，以减轻产品召回对企业造成的负面影响（Liu et al., 2017）。企业将召回公告作为信号传递给外界时会对其产品销售产生影响，功能性品牌的产品比奢侈品牌的产品受到的不利影响更大（Topaloglu and Gokalp, 2018）。

第五节 双因素理论

一、双因素理论的内涵

双因素理论（two-factor theory）也被称为赫兹伯格激励理论、保健－激励理论（motivation-hygiene theory），是由美国心理学家弗雷德里克·赫兹伯格（Frederick Herzberg）于1959年提出的，发表于其撰写的《工作的激励因素》一书。该理论着重于研究组织中个人与工作的关系问题（周三多，2005）。弗雷德里克·赫兹伯格为了证明组织中的个人对待工作的态度是否在很大程度上决定着组织任务的成功与失败，他和他的助手们在20世纪50年代后期于美国匹兹堡地区，向11个工商业机构的200多名白领工作者进行了调查访问。在调查访问中他设计了许多有关个人与工作关系的问题，例如，"什么时候你对工作特别满意""什么时候你对工作特别不满意""原因是什么"等。调查访问主要围绕两个问题：在工作中，哪些事项是让他们感到满意的，并估计这种积极情绪持续多长时间；哪些事项是让他们感到不满意的，并估计这种消极情绪持续多长时间。在进行调查问卷时要求受访者在具体情景下回答，并详细描述他们认为工作中特别满意或者特别不满意的方面。最后，通过对调查访问结果的综合分析，弗雷德里克·赫兹伯格发现，引起个人不满意的因素主要是公司的政策、行政管理、监督、与监督者关系、工作条件、同事关系、工资、地位、保障、安全等一些外在因素，大多数与他们的工作条件和环境有关；引起个人满意的因素主要是工作富有成就感、工作本身带有挑战性、工作的成绩能够得到社会的认可以及职务上的责任感和职业上能够得到发展和成长等与工作内在相关的因素,是由工作本身所决定的。

在此基础上,弗雷德里克·赫兹伯格指出影响人们行为的因素主要有两类:保健因素和激励因素。保健因素是那些与人们的不满情绪有关的因素,主要包括公司的政策、行政管理、监督、与监督者关系、工作条件、同事关系、工资、地位、保障、安全等。保健因素处理不好,会引发对工作不满的情绪,严重时甚至会导致消极怠工、罢工等对抗行为;保健因素处理得好,可以预防和消除这种不满。但是这类因素并不能对员工起激励的作用,只能起到保持积极性、维持工作现状的作用,所以保健因素又被称为"维持因素"。激励因素是那些与人们的满意情绪有关的因素,主要包括工作富有成就感,工作本身带有挑战性,工作的成绩能够得到社会的认可,以及职务上的责任感和职业上能够得到发展和成长等。与激励因素有关的工作处理得好,能够使人们产生满意情绪,极大地激发工作热情,提高生产效率;激励因素处理不好,其不利效果只是没有满意情绪,而不会导致不满意。保健因素和激励因素的例子见表3-2。

表3-2　　　　影响工作满意度的保健因素和激励因素的例子

保健因素	激励因素
公司政策与管理	成就
监督	认可
人际关系	增长可能性
薪水	职业发展
状态	责任等级
就业保障	工作本身
个人生活	
工作环境	

资料来源:Thomas N. The concise adair on teambuilding and motivation [M]. United Kingdom:Thorogood,2004.

传统的满意—不满意观点认为:满意的对立面是不满意,而不满意的对立面是满意。双因素理论最重要的意义在于对传统的满意—不满意观点进行了修正,认为:满意的对立面并不是不满意,而是没有满意;不满意的对立面并不是满意,而是没有不满意。因此,为了调动员工的积极性,首先应该注意保健因素,以防止不满意情绪的出现,因为保健因素会增加员工的不满情绪。然后,应该利用激励因素,使员工产生满意情绪,激发员工的工作热情,因为只有激励因素才会增加员工的工作满意度（张湛，2009）。

双因素理论同样也存在着不足之处。弗雷德里克·赫兹伯格的调查访问有其局限性和非典型性，僵化地认为社会各阶层和各时代的人们都是如此心理倾向是不符合客观现实的；在研究方法本身、研究方法的可靠性以及满意度的评价标准等方面也存在不足；被调查对象的代表性也不够，事实上，不同职业和不同阶层的人对激励因素和保健因素的反应是各不相同的；双因素理论以满意和不满意作为判断员工是否具有积极主动性的标准具有主观性；另外，赫茨伯格讨论的是员工满意度与劳动生产率之间存在的一定关系，但所用的研究方法只考察了满意度，没有涉及劳动生产率。

尽管双因素理论存在诸多不足之处，但是其"保健因素处理不好，会引发对工作不满情绪的产生，严重时甚至会导致消极怠工、罢工等对抗行为；保健因素处理得好，可以预防和消除这种不满。但是这类因素并不能对员工起激励的作用，只能起到保持人的积极性、维持工作现状的作用。"和"与激励因素有关的工作处理得好，能够使人们产生满意情绪，极大地激发工作热情，提高生产效率；激励因素处理不好，其不利效果只是没有满意情绪，而不会导致不满意。"这两个论断却是很有积极意义的。

经过几十年的发展，双因素理论已经应用于各行各业。在信息系统领域，双因素理论主要用于探究顾客接收服务的影响因素，激励因素是指可以促进用户接受服务的因素，保健因素是指会抑制用户接收服务的因素。吴等（Wu et al.，2008）运用双因素理论探讨了搜索引擎的功能特征与用户使用搜索引擎的动机之间的关系，并将搜索引擎的功能特征分为保健因素与激励因素两个方面。刘等（Liu et al.，2011）运用双因素理论，探讨了影响用户满意度的服务商因素和用户信任服务商的前置因素。昂等（Ong et al.，2013）运用双因素理论，探讨了用户浏览网站时产生满意感或不满意感的影响因素。莱欧等（Lo et al.，2016）运用双因素理论，研究了用户在线冲动性购买的动机及影响因素。刘百灵等（2017）从保健和激励双重视角建立了影响用户移动支付意愿的综合模型，并进行了实证分析，发现隐私政策有效性作为保健因素，通过缓解用户的感知风险，消除用户对移动支付的不满意感；资金激励和信息质量作为激励因素，通过提高用户的感知利益，提高用户对移动支付的满意感；企业信誉、感知愉悦性作为保健—激励因素，通过降低感知风险，提高感知利益，从而进一步影响移动支付意愿。宗威（2013）等基于双因素理论对ERP实施成功认知差异进行了研究，发现系统质量、服务质量是保健因素，是ERP实施方必须保证的方面；信息质量、组织影响和感知有用性是ERP供需双方存在认知差异的主要方面，需要 ERP 实施方重点把握；在保证前两方面因素质量的基础上，ERP 实施方通过提升个人影响可以进一步改善 ERP 用户满意度水平。

在企业中应用双因素理论主要用于探究影响员工的激励因素与保健因素的指标体系，针对影响因素进行薪酬设计，提高员工的满意度，激发员工潜能。杨俊卿等（2004）认为在企业管理实践中，欲使奖金成为激励因素，必须使奖金与职工的工作绩效相联系。对某一个岗位而言，如果长期为一个人所占有，又没有来自外部的竞争压力，该职工的惰性就会自然而然地产生，工作质量随之下降。企业为了激发职工的工作潜能，应设置竞争性的岗位，并把竞争机制贯穿到工作过程的始终。王荻等（2005）认为在薪酬结构中，基本工资应该属于保健因素，它是薪酬体系的基础部分，应该对它进行科学的设计，以保障员工基本的生活与工作需要。基本工资应该是比较稳定的，原则上只升不降，不能随意变动，否则会导致员工的不满意，影响其工作积极性。奖金、绩效工资属于激励因素，要在考核的基础上加大其比例，以真正激发员工的工作满意感，提高工作业绩。迪米特里斯等（Dimitris et al.，2006）将影响工作人员满意度的激励因素划分为外在、内在因素，并列举出提高工作人员满意度的 12 个激励因素。梁婧（2012）采用 SWOT 分析法对国企薪酬管理现状进行研究，以双因素理论为基础，对技术工人和管理层人员进行不同的薪酬分析，达到激励员工的目的。李瑞强（2015）针对保健因素的薪酬设计主要通过提高员工的基本工资和优化员工的工作环境来实现。姜春艳（2015）提出将双因素理论应用到薪酬分配制度中，并组织好薪酬的分类工作。她主张把基本薪酬和福利划为保健因素，激励因素有浮动薪酬、奖励薪酬、绩效薪酬，强调弹性、透明的薪酬管理，科学的绩效管理是实现战略性薪酬管理的保障。杨东进等（2016）基于双因素理论提出、测量并验证了"80 后"员工的组织激励要素，为企业和员工评价组织激励管理水平提供明确的指标体系。

在政府管理中，双因素理论主要用于探究公务员的激励问题，大量的学者以工作满意度及其影响因素为主要研究内容对公务员的激励问题进行了研究。陈等（Chen et al.，2005）采用明尼苏达满意度问卷调查形式对影响我国台湾地区公共部门工作人员工作满意度因素进行研究，验证了工作任期、年龄、职务高低会导致工作满意度的差异。马妮莎（2010）认为，我国公务员制度中绩效考核不完善、职位升降模式不科学、薪酬设计不合理、奖惩力度不均衡等问题均有不同程度的体现，并基于双因素理论进行了公务员激励机制的探讨。李斌（2013）认为公务员激励机制存在一定的不足，其中，保健因素不足包括工资福利不能满足需求、工作条件艰苦及办公设施落后、缺乏良好的人际环境氛围；激励因素不充分，例如年度考核流于形式、晋升通道狭窄、职业前景黯淡。张文娟（2015）运用双因素理论对行政事业单位会计人员的激励问题进行研究分析，建议行政单位从保障需求的满足和激励需求的满足两个方面激励会计人员。孙多勇等（2016）运用双因素理论对206名来自公共部门的人员进行了调查访问，证实了双因素理论在公共领域的适用性。于琳君（2018）以双因素理论为理论工具，结合当时我国乡镇工作特点来分析我国乡镇公务员存在的问题，并提出了相应对策。

在学校管理中，双因素理论主要用于探究教师与学生的激励问题，从双因素理论的视角分别探讨影响学校教师和学生积极性的因素，建立指标体系，提出提高积极性的方式方法。王蓉等（2010）以双因素理论为视角，尝试并探讨了双因素理论在高校科研团队激励管理中的应用。曹问等（2014）从双因素理论的视角出发，分析了高校绩效工资改革存在的主要问题：高校教师实际绩效工资水平较低和科学的绩效考核体系尚未建立。由此提出双因素理论给予的启示：关注教师绩效工资水平，避免教师产生不满情绪；构建包含保健因素和激励因素的有效的绩效考核指标体系并正确运用。段立军（2015）认为，要分析出影响学生体育锻炼中的保健因素和激励因素，然后从这些因素出发，加强内外条件，全面调动高校学生自身学习体育的意识和动机。伍李春和胡笑旋（2017）研究了基于双因素理论的高校研究生招生，在两阶段分配法的基础上，采用双因素激励理论，将影响名额分配的评价指标分为基础指标和调节指标两类，在基础指标分配名额的基础上，根据调节指标计算出各招生单位最终获得的分配方案并进行了实证分析。刘小会（2019）把双因素理论应用于乡村教师的管理中，有效地解决了对乡村教师管理阻碍的问题，促进了乡村教育事业发展。崔航（2019）以双因素理论作为理论支撑，利用问卷调查法和专家访谈法，对大学生课余锻炼中的激励因素和保健因素进行归纳和总结，找出激励大学生进行课余体育锻炼的良好方式方法，同时消除大学生在课余体育锻炼中不满意的因素。

在医院管理中，双因素理论主要用于探究医院工作人员的激励问题和病人满意度的提升问题，对医院的人力资源进行研究，充分调动医院工作人员的积极性；对影响病人满意度的因素进行分析，提升病人满意度。梁宇海等（2007）利用双因素理论，对医院的人力资源进行研究，通过对存在问题及其影响因素的分析，掌握员工的需求。利用维持现状和激励进取的比较分析，为医院提供建设性意见，从而科学管理人力资源，促进医院人力资源的健康发展。王冬等（2012）运用双因素理论阐述了医院对病人满意的理解存在的问题，探讨了塑造病人满意的医院运营策略。王淑曼（2014）基于双因素理论，对医院护理人员激励中的保健和激励因素进行分析，就薪酬、环境、人际关系等方面探讨了激励医护人员的措施。肖影（2015）认为双因素理论能够调动护理人员的工作积极性，使护理人员保持工作热情，在出现职业倦怠时也能运用保健因素自主进行调整，提升自身护理工作的质量。王静静等（2019）探究了双因素理论在消化内科护士管理中的应用效果，与实施前相比，实施后护士职业倦怠感显著降低，患者住院时间缩短，康复效果显著。张晓田（2020）运用双因素理论分析现代公立医院激励体制存在的问题，并对医院激励体系的设计和优化进行了探讨，给出了优化激励机制的意见建议。

二、双因素理论在产品伤害危机管理中的应用

虽然双因素理论研究的是激励员工的因素，但它对人类心理的分析，同样适用于激励顾客，提高顾客的满意度。消费者满意度是指消费者在使用某一产品或者某项服务后对其期望需求的满足程度的感受。

倪慧珏（2002）认为，根据双因素理论，若要提高顾客满意度，企业必须合理定义其产品的激励因素与保健因素。苏胜强和谷永春（2006）将双因素理论用于分析消费者行为并将企业用于吸引消费者购买商品的市场营销诸因素分为保健因素和激励因素两类。赵冬玲（2009）研究发现，对于电子商务中的网上商家来说，产品种类、个性化和交易安全机制属于激励要素，保健要素是网络反应速度、网站诚信形象、支付方式安全、反馈渠道、社区互动性和退货便捷。冯俊等（2009）对餐饮企业运用双因素理论对顾客激励与顾客保健进行研究，发现口味、价格、菜分量、消费环境、优惠、可到达性、菜品齐全7个经营要素是顾客激励因素，质量稳定性、菜品开发、餐桌摆放、卫生间、包间、服务态度、上菜速度、会员卡制度、上菜顺序、免费茶水、停车场这11个经营要素是顾客保健因素。苗志娟（2010）将双因素理论应用在零售企业顾客满意度管理中，认为产品质量、产品价格和服务是保健因素，满足这些保健因素并视具体情况寻求激励因素有助于提高消费者满意度。陈劲和李庆文（2011）借鉴双因素理论，把服务补救措施分为"保健"和"激励"两类，并提出企业的服务补救策略：一是必须牢牢树立以顾客为中心的经营理念；二是要充分满足顾客的保健因素的补偿需求；三是要注意关注顾客的激励因素的补偿需求。安宁宁等（2012）运用双因素理论对服装网络消费满意度进行调

查研究，发现物流配送、商品性价比、促销活动、服装属性、推荐系统、评价系统及网站设计为激励因素，而信息真实性、商品种类、顾客服务、便捷性、投诉处理以及安全性为保健因素。鄢章华等（2020）基于双因素理论，从情感叠加角度设计顾客感知产品属性的叠加规则，建立了顾客满意度的测量模型。

祝瑶（2010）通过对前人的研究成果进行归纳总结，发现产品伤害危机会对企业产生诸多不利影响，例如损失营业利润、提高广告与修复企业声誉的成本、毁坏品牌关联及品牌资产、损失市场份额、毁坏企业声誉、导致公司回收产品产生昂贵代价、降低消费者的感知质量等。

产品伤害危机中的消费者满意度是指消费者对企业的危机反应以及补救措施满足其预期的程度。叶天然（2018）通过对前人的研究成果进行归纳总结，发现产品伤害危机中的危机企业更需要了解消费者满意的影响因素以及对消费者购买行为的影响。

产品伤害危机发生后，消费者的购买意愿主要受消费者满意度的影响。通过提高消费者满意度，进而提升消费者购买意愿，可以最大程度地减少危机对企业的不利影响。因此，如何提高产品伤害危机中消费者的满意度是一个值得研究的问题。

桑辉和井淼（2012）研究发现，消费者感知到的危害越高，对危机企业的产品购买意愿越低，采取抱怨行为的可能性越高。降低消费者感知危害，可以提高消费者满意度，提升消费者购买意愿。魏玖长等（2016）在考察产品伤害危机中消费者对企业危机处理行为的满意度与消费者公民行为之间逻辑关系的基础上，引入企业声誉、风险感知作为前因变量，应用结构方程模型构建和验证了危机情境下消费者满意度和消费者行为反应的概念模型。研究发现企业社会责任声誉、企业能力声誉和风险感知能够显著影响消费者满意度。

赵宝春和钟立文（2016）探讨了外源性产品伤害危机中企业"知情与否"对消费者危机产品购买意愿的影响。研究表明"知情与否"显著影响消费者购买意愿，与"不知"相比，"知情"情形下消费者购买意愿更低，下降幅度更大。李英和杨科（2016）借鉴计划行为理论、组织支持理论等，以已经采取召回方式的产品伤害危机事件作为研究对象，收集网络上关于汽车产品伤害事件的帖子，利用扎根理论的方法对帖子进行分析整理，得出汽车产品伤害危机中车主维权行为的影响因素模型。研究结果表明，影响车主维权行为意向的因素主要有维权态度、主观规范和知觉行为控制。吴剑琳（2017）基于可接近-可诊断理论，探讨了网络环境下产品伤害危机中危机企业来源国形象和信息可信度对产品伤害危机中消费者品牌态度的影响机制。

上述文献中并没有发现将双因素理论和产品伤害危机进行结合研究的情况。将双因素理论应用于产品伤害危机中的顾客满意度研究，例如，顾客会对产品伤害进行认知，进而根据认知的结果进行责任归因后，产生相应的负面情绪，然后采取一定的行动以缓解其负面情绪。可以采取双因素理论对顾客的负面情绪产生来源进行分析并减少顾客的负面情绪。通过双因素理论的应用，在产品伤害危机中将影响消费者满意度的激励因素与保健因素进行区分，充分满足消费者的保健因素，关注消费者的激励因素，进而提高消费者满意度，提升消费者购买意愿，减少产品伤害危机对企业的不利影响，促进企业在危机中继续发展。

第六节 期望理论

一、期望理论的内涵

1964年美国的心理学家弗罗姆（V. H. Vroom）提出了期望理论。该理论可以公式表示为：激动力量=期望值×效价。在这个公式中，激动力量指调动个人积极性，激发人内部潜力的强度；期望值是根据个人的经验判断达到目标的把握程度；效价则是所能达到的目标对满足个人需要的价值。这个公式说明，人的积极性被调动的大小取决于期望值与效价的乘积。也就是说，一个人对目标的把握越大，估计达到目标的概率越高，激发起的动力越强烈，积极性也就越大，在领导与管理工作中，运用期望理论于调动下属的积极性是有一定意义的（袁勇志、奚国泉，2000）。

在行为金融学中，期望理论是重要的理论基础。卡内曼和特维尔斯基（Kahneman and Tversky，1979）通过实验对比发现，大多数投资者并非标准金融投资者而是行为投资者，他们的行为不总是理性的，也并不总是风险回避的。期望理论认为投资者对收益的效用函数是凹函数，而对损失的效用函数是凸函数，表现为投资者在投资账面值损失时更加厌恶风险，而在投资账面值盈利时，随着收益的增加，其满足程度速度减缓。期望理论成为行为金融研究中的代表学说，利用期望理论解释了不少金融市场中的异常现象，然而由于卡内曼和特维尔斯基在期望理论中并没有给出如何确定价值函数的关键——参考点以及价值函数的具体形式，在理论上存在很大缺陷，从而极大阻碍了期望理论的进一步发展（刘志阳，2002）。对于这两种期望理论，管理学认为是一种激励方式，而经济学更多是从风险概率的角度来分析，本书对期望理论为探讨以管理学视角为主。

二、期望理论在服务补救中的应用

实体企业和服务业是不可能百分百让顾客满意的。因为质量的波动和服务的不确定性，即使企业拥有十分完善的体系，缺陷也可能发生在任何一个节点，因此对于企业而言，零缺陷的服务是不可能达到的（Bitner, Booms et al., 1990）。产品伤害危机的曝光往往成为社会公共事件，企业、政府、媒体、专家这4个方面的不同主体会根据各自身份做出响应。研究者通常按照从消极到积极的方向将产品伤害危机中企业响应方式进行分类。西莫克斯和库兹巴德（1994）等将其分为坚决否认、强制召回、自愿召回、超级努力4种；达沃和皮鲁德拉（2000）将其分为坚决否认、积极承担责任、积极沟通并且无条件回收产品3种。

杜建刚（2007）认为任何在服务中遭受损失的消费者都希望得到补偿，不仅是物质补偿，消费者更需要得到情绪补偿。这种想法在消费者头脑中形成了最初的补偿预期，即补救预期。补救预期在服务补救的研究中经常涉及，往往被看作先决变量应用于期望不一致范式，研究补救后的满意程度。相关研究认为，在服务失败情境下，补偿预期是失败过程结束后的结果变量，它同样应被纳入涉及服务失败的研究模型中，并进而观察其他变量与该变量的关联（杜建刚和范秀成，2007）。孙乃娟和郭国庆（2019）研究发现产品伤害危机爆发后企业应当采取正确的服务补救措施以激发消费者宽恕意愿，从而提高补救工作绩效。直接补偿产品危机所造成的经济损失，退换、召回等补救手段相比于承诺完善产品功效属性对消费者宽恕意愿具有更强的唤醒作用。此外，产品伤害危机爆发后，涉事企业应该在最短时间内主动进行服务补救，无论采用何种补救策略，主动补救较之被动补救对消费者宽恕意愿的正向影响均更强。

王增民和胡伟等（2014）通过对服务补救相关的文献进行梳理，得到服务补救一般基于三个理论：归因理论、公平理论、期望理论。在归因理论中：顾客通过对服务失败归属性、稳定性、可控性的判断，形成归因结果，进一步影响了自己的情绪和行为意向，并最终影响顾客的满意度水平。而一些控制变量,诸如响应速度、员工解释等,将会影响顾客的归因结果。因此,如何让消费者转移对服务失败的归因方向,将会对服务补救的效果有很大的帮助。在公平理论中,顾客会从结果、程序、交互三个方面评估买卖双方之间的交易是否公平。结果公平指顾客对可感知交换结果的公平性判断,此维度侧重于讨论利益和成本的分配问题,关注企业在服务失败后对顾客进行补救,其结果是否抵消了服务失败给顾客造成的损失。在期望理论中,期望一直是顾客满意和服务质量研究中一个非常重要的概念,它和感知一起被认为是决定顾客满意度的重要因素。满意度由顾客对服务质量的感知,与对服务质量期望之间的差距决定,如果这个差距是正向的,那么顾客则比较满意;如果这个差距是负向的,那么顾客则不满意。满意和不满意的程度由差距的绝对值大小决定,差距越大,满意或不满意的程度越高。目前基于期望理论对服务补救的相关研究,主要是结合感知公平,从"感知-期望"不一致(感知质量)角度,展开对补救后顾客满意度方面的研究。

以期望理论为基础的服务补救方面的研究,还有所谓的服务补救悖论(service recovery paradox)(Tax and Brown et al.,1998)。该理论提出:在高质量的服务补救之后,顾客的满意度水平会比那些没有经历服务失败的顾客或服务失败发生前的满意度水平高。董国莉(2007)则依据差距模型(gap model)指出当服务不能满足期望时,顾客就感到失望;当企业提供的服务超出期望时,顾客就感到满足,甚至特别高兴。

有小部分研究也着眼于期望的动态变化。博尔丁和卡尔拉等(Boulding and Kalra et al.,1993)基于预测期望(预测期望主要是指对未来即将发生什么的预期)和规范期望(规范期望则是一种理想的情形,即所能设想的最好情况)发展出可能期望(will expectation)和应该期望(should expectation)的概念,并把它们应用到有关服务质量的动态模型中。可能期望与预测期望类似,是预期将会发生的事情;而应该期望与规范期望稍有不同,它并不是对理想情形的设想,而是从经验和常识的角度对应该发生什么的判断。应该期望会受到顾客所接受信息的影响,比如我们去餐馆吃饭,当我们知道有些餐馆会赠送果盘时,我们就会期望这家餐馆赠送果盘,但是如果从前我们没有这样的经验,则不会产生如此的应该期望。很容易理解,应该期望的水平总是高于可能期望的水平。博尔丁等人(1993)的研究发现,综合两种期望与顾客感知的服务质量能够更好地解释顾客的满意度水平和行为倾向。另外,他们的研究考查了可能期望和应该期望随着消费经验增长而变动的过程,结果发现,可能期望和应该期望都将随着消费次数的增长而提高。这就意味着可能期望和应该期望对顾客满意的影响是一个动态的过程。基于双期望理论的基础，陈可和涂荣庭（2009）提出了一个理论框架，运用顾客对服务补救的可能期望、应该期望和服务补救感知三者之间的关系分析服务补救程序对顾客满意度的影响。当服务补救感知低于可能期望时，补救后的顾客满意度必将低于服务失败前的满意度；当服务补救感知高于应该期望时，补救后的顾客满意度必将高于服务失败前的满意度；当服务补救感知处于两种期望之间时，补救不能保证顾客满意度恢复到服务失败发生前的水平之上。在动态的情况下，当顾客遭遇再次或多次服务失败时，随着可能期望和应该期望的提高，同样的服务补救将很难有效恢复顾客的满意度。

社会心理学的研究表明，对积极成果的更高期望会促进恢复行为，特别是如果该人是任务的主要参与者。朱和中田英寿等（Zhu and Nakata et al.，2013）扩展了期望理论的逻辑，以解释和预测客户对自助服务技术（SST）故障的反应。基于期望和归因理论，他们开发了一个以客户恢复期望为中心的流程模型，并通过跟踪实际的故障响应来测试该模型。结果表明，对SST的感知控制以及SST交互性均对客户恢复的期望产生积极影响。反过来，期望值会影响客户的恢复工作和恢复策略，具体取决于竞争信息的可用性。

对于企业来说，顾客高满意度水平是服务企业留住顾客的关键，也是提高企业绩效的重要指标。根据期望理论，传统企业在设计网上服务补救策略时，要考虑顾客的心理预期。这种考虑可以和服务承诺相结合，企业可以向顾客提出自己的服务承诺，使顾客对服务发生失败后的补救策略的心理预期建立在已有的服务补救策略上，降低顾客的公平感知差异性，从而提高满意度（白云杰和邢丘丹，2015）。

第七节 本章小结

为了使后续各章节理论研究框架和研究假设的提出具备充分的理论基础，本章对全书可能用到的理论进行了回顾，包括服务主导逻辑、组织合法性理论、公平理论、信号传递理论、期望理论和双因素理论。其中，服务主导逻辑理论为本书提供了基本的理论框架基础，正是因为产品作为服务的一部分，当产品伤害危机发生时，才能够被作为服务失败的一种来进行管理，也就是说将企业的应对策略作为一种服务补救措施。这也就涉及在补救过程当中，消费者对企业应对策略的公平期望，为此，在本章对公平理论和期望理论进行了回顾。此外，由于产品伤害危机中，消费者和企业处于明显的信息不对称，消费者只能通过企业向外界传递的信号来对企业进行评价和感知，因此信号传递理论为本书提供了研究的前提假设。组织合法性理论和双因素理论则为本书中研究假设的提出提供了理论基础。

第四章　产品伤害危机的召回策略对中国消费者行为的影响

第一节　引　　言

自 2008 年三聚氰胺奶粉事件之后，中国消费者的质量意识不断增强，中国市场上的产品伤害危机事件和产品召回也变得越来越频繁。实际上，早在 2004 年，中国就已经开始对缺陷汽车实施召回制度。2016 年 1 月，又开始对缺陷消费品实施召回管理，召回的产品范围包括儿童玩具及用品、电子电器、家具、家用日用品、其他交通运输设备、纺织品和服装、食品相关产品、文教体用用品、五金建材和其他产品共 10 大类产品。根据中国标准化研究院产品安全研究所的统计，截至 2017 年，我国共召回汽车 1548 次，召回车辆 5674 万辆，为消费者挽回直接经济损失超过 200 亿元；共召回消费品 1091 次，约 4086 万件（巫小波、姜肇财、宋黎、王琰、孙宁，2019）。

由以上数据可以看出，中国的产品伤害危机和产品召回事件已经变得非常普遍。而且，这些事件给中国企业带来的损失也是巨大的。例如，在 2008 年三聚氰胺奶粉事件中，三鹿集团除了向受害者支付了巨额的医疗和经济补偿外，还在 2009 年 2 月宣布破产。除了中国产的产品外，国外产的很多产品也都曾在中国市场上发生过召回事件，表 4-1 列举了部分国外产品在中国市场发生的召回。

表 4-1　　　　国外产品在中国市场发生召回的部分案例

产品类别	召回产品	召回时间	召回原因
日用纺织品和服装	YIBOYO 品牌胸针	2018 年 1 月	胸针中有害元素铅含量超标，长期佩戴可能会对人体健康产生不利影响，存在安全隐患

续表

产品类别	召回产品	召回时间	召回原因
日用纺织品和服装	阿玛尼（ARMANI）品牌男装	2017年12月	色牢度不合格，可能对人体健康产生不利影响，存在安全风险
	马汀博士（Dr. Martens）品牌女士休闲鞋	2017年8月	鞋里纺织材料含有禁用偶氮染料，在人体皮肤长期持续接触的情况下，可能对人体健康产生不利影响，存在安全风险
汽车	部分2016～2018年款进口林肯MKX汽车，部分2019～2020年款进口林肯航海家汽车	2020年8月	前排座椅线束和坐盆骨架之间的间隙过窄，在使用坐盆角度调节功能时，坐盆骨架边缘可能会与座椅线束产生干涉，极端情况下会导致座椅线束磨损，造成前排座椅安全气囊系统无法正常工作，存在安全隐患
	部分进口插电混动版大捷龙汽车	2020年7月	位于驾驶员座椅后面的12伏隔离器接线柱可能在某些情况下由于液体进入而腐蚀，造成大电阻连接的现象，会产生持续发热，可能导致车辆在启动或停车状态下起火，存在安全隐患
儿童用品	啵乐乐（Pororo）品牌儿童牙刷（三段）	2018年4月	该儿童牙刷刷毛磨毛不合格，在使用中可能会对儿童口腔健康造成伤害，存在安全隐患
	可么多么（COMOTOMO）品牌硅橡胶奶嘴	2018年9月	该硅橡胶奶嘴的挥发性物质含量超标，可能对婴幼儿的身体健康造成伤害，存在安全隐患
食品相关产品	QUEENSENSE品牌铝制锅	2017年5月	锅的内壁涂层中重金属含量等超标，不符合强制性国家标准中相关条款要求，在使用中可能对人体健康造成危害，产品具有安全隐患
家具	宜家米辛索沙滩椅	2017年1月	该沙滩椅布艺的错误装配可能造成使用者摔倒或手指夹伤，存在使用风险
	宜家马尔姆等系列抽屉柜	2016年7月	如果没有被恰当地固定到墙上时，可能会发生因柜子倾倒从而导致儿童死亡或受伤的危险

资料来源：根据国家市场监督管理总局缺陷产品管理中心公布的信息整理 https：//www.dpac.org.cn/。

以上数据和案例都显示了中国市场上产品伤害危机的频繁性和严重性，企业必须针对中国市场提出有效的产品伤害危机应对策略。然而，通过文献回顾发现，现有研究基本都是以国外的产品伤害危机事件为研究背景，以国外的消费者为研究对象，针对中国市场上的产品伤害危机应对问题的研究十分缺乏。

而且，鉴于中西文化、制度方面的巨大差异，消费者的认知和行为也必将存在着明显的差异，导致西方的研究成果无法直接应用于中国市场，因此，必须对针对中国的情景，以中国的消费者为研究对象展开研究，从而为中国市场中的产品伤害危机应对策略选择提供有效参考，降低产品伤害危机事件给企业带来的负面影响。

此外，从消费者的角度研究产品伤害危机应对策略的有效性是必要和重要的，因为消费者是产品伤害危机最直接的受众，是评价产品伤害危机管理体系的最有效的力量。消费者的感知和反应预示着焦点企业未来的财务状况，进而对投资者的投资决策产生一定的影响。同时，从消费者的角度进行研究也可以为企业理解如何从产品伤害危机事件中恢复提供启示。

以往的研究从消费者的角度，从感知危险、购买意愿（Siomkos and Kurzbard，1994）等多个角度对产品伤害危机中企业应对策略的有效性进行了探讨。然而，结果却存在一定的矛盾之处。例如，莫文（1979）认为，消费者的购买意愿会明显受到企业需要花多长时间来决定是否召回这一因素的影响。而西莫克斯和库兹巴德（1994）则认为企业的应对策略（否认、强制召回、自愿召回或超级努力）不会显著影响消费者的风险感知和未来的购买意愿。在对文献进行深入的分析之后，笔者发现，之所以会出现以上矛盾的结果，其中一个主要原因就是，这些研究将企业的应对策略作为单一维度变量，但实际上企业在面对产品伤害危机，需要进行召回时必须做出两个相对独立的决策，即何时召回（召回主动性）和向消费者赔偿多少。也就是说，企业的产品伤害危机应对策略应该包含两个维度——召回主动性和补偿。

因此，在本章的研究中，我们将通过区分企业应对策略的两个维度（召回主动性和补偿）来研究企业的产品伤害危机应对策略对中国消费者的态度和行为产生的影响。

第二节 召回策略的案例研究

众多的企业管理实践都表明，目前企业对如何有效应对产品伤害危机并未找到合理的解决方案，导致产品伤害危机事件及后续的产品召回给企业带来了巨大的经济损失。从理论研究的角度，现阶段学者们对产品伤害危机应对策略的分类也是各不相同。例如马库斯和古德曼（1991）从企业是否愿意承担责任和采取修复行动的角度，认为企业的应对策略应该包括和解和辩解两类策略；而库姆斯和霍拉迪（2002）则从情境危机沟通理论的角度，提出了包括拒绝、减轻责任和重建的主要策略，以及包含提醒、讨好和受害者三种策略的补充策略；而西莫克斯和库兹巴德（1994）则在他们所提出的企业应对产品伤害危机策略策连续统一体的概念中又考虑到了另外一个因素——反应的时间点，即企业做出反应的时间是否在第三方（如政府部门）介入之前，由此提出了强制召回和自愿召回的策略，从而形成包括否认、强制召回、自愿召回和超级努力的应对策略连续体；另外，陈和加内桑（2009）也是从企业应对产品伤害危机的时间维度，提出了积极召回和消极召回两种应对策略；戴维森和沃雷尔（1992）则更多关注了作为最常用产品伤害危机应对策略的常用手段之一的产品召回，认为企业应对策略除了政府要求的强制召回和自愿召回外，还包括具体的换货、退款、维修和检测。

以上对产品伤害危机应对策略分类的不一致，对学术研究造成的影响就是研究结果的不可比性，甚至有可能出现矛盾的结果。为此，要想展开有关产品伤害危机应对策略的实证研究，必须先对应对策略有一个深入的研究、清晰的定义及明确的分类。

鉴于现有关于产品伤害危机的研究尚不成熟，本章将选取案例研究的方法对企业产品伤害危机事件的应对策略进行研究。维克（Weick，2007）认为，案例方法可以用来探究"自然"环境中的现象，并通过观察上下文中的实际实践获得更丰富的见解。因此，案例研究方法非常适合于可检验理论的实证发展（Eisenhardt，1989）。从企业的管理实践出发，通过对企业进行充分的调研和分析，提炼出有关产品伤害危机应对策略的分类。

为了能够保证研究结果的可靠性以及案例数据的可获得性，研究团队对案例研究的对象进行了战略性选择。首先，确定了四个行业（食品、玩具、汽车、医药）作为案例研究的目标行业。之所以选择这些行业是因为这些行业相对于其他行业来讲，发生的产品伤害危机事件和产品召回更加频繁，并且也曾因为这些问题而备受关注。其次，为保证研究样本的代表性和研究结果的外部效度，需要所研究的对象在企业和行业特征方面存在一定的差异。而以上所选择的四个行业恰好能够很好地满足样本差异化的要求。表4-2总结了所选择的四个目标行业的一些关键特征。再次，从每个行业选择了曾经发生过产品召回事件的部分制造商作为案例研究对象，分析他们在应对产品伤害危机时所采取的措施。

表4-2　　　　　　　　　　案例所属行业特征

行业特征	医药	汽车	食品	玩具
产品的价值	高	高	低	低
出口的比例	无	无	无	90%
同行业竞争者数量	中等	少量	众多	众多
行业垄断程度	中等	高	低	低
政府监管强度	高	高	中等	低
知识和技能水平	中等	高	低	低
供应链长度	中等	短	短	长

资料来源：笔者自制。

本章的数据来源包括半结构化的访谈、文献和观察数据。以上数据彼此之间可以进行交叉检验，从而保证数据的真实可靠。

整个研究过程以研究小组的形式展开。研究团队包括一名来自中国香港的领导整个研究团队的教授、两名负责与目标企业进行联系的来自中国内地高校的教授、一名来自美国的运营管理领域的教授以及若干名来自海内外多所高校的博士研究生。

在访谈之前，研究团队需要做以下4件事进行前期准备：（1）研究团队从互联网收集二手信息，尽可能多地了解目标企业；（2）与目标企业取得联系，了解企业的组织架构及各部门职责，找到合适的被调研对象，包括总经理、质量经理、质量总监、市场部经理、物流经理等；（3）与被访谈人进行沟通，确定适当的调研时间；（4）在约定的访谈时间前夕，再次与被访谈人进行沟通，提醒访谈时间并确保其出席。

在每一个目标企业的访谈中，首先由研究团队的负责人对访谈的背景和目的进行简要介绍，并按照访谈提纲进行访谈。尽管为了保证访谈的效率，提问尽可能地遵循了访谈提纲，但仍允许被访谈人自发地谈论各自的观点和看法，以便能够获得其他方式无法获得的数据。研究团队中的博士生研究生负责做记录和澄清模糊的答案。每个企业的采访时间大约为2.5小时，在整个采访过程中，研究团队对每个采访都进行了录音，而且在每次采访结束之后都对企业进行了大约30分钟的参观，以便对企业及其产品有更好的了解。在企业参观的过程中，研究团队还会进一步就访谈的内容与被访谈对象进行交流，同时就参观过程中所观察到的现象和问题进一步展开提问。这些观察结果和被访谈人就所提问题的进一步回答，会被用来与访谈和文献资料当中所获得的数据进行交叉验证，保证数据的准确性。每次访谈结束后，研究团队都会进行内部的沟通和交流，以便在团队成员之间交换意见，总结观察和访谈结果。

在所选的四个企业中，汽车企业是一家整车组装厂，制药企业是一家中药饮品生产商，食品企业是一家乳制品生产商，玩具企业是国外玩具品牌的OEM（代工）制造商。

在对这四家企业的所有数据进行分析后，研究团队总结了不同企业应对产品伤害危机事件的不同策略，并发现这些企业在应对时，会从应对的主动性和补偿两个方面采取策略。其中，在主动性方面，汽车、医药和玩具三家企业都明确提到，他们会按照自己的方式，通过多种途中获得有关产品质量的信息，并进行相应的分析，以便能够及时召回产品，降低对消费者的损害。汽车企业的被访人提到，"我们企业会积极主动地进行召回，并通过多种渠道收集有关质量的信息。我们公司曾经在互联网上看到消费者投诉，进行评估后立刻召回了产品"。医药企业的被访人提到，"我们会主动召回产品，即使会给我们企业带来巨大的负面影响。我们公司所有召回公告都是在消费者出现健康问题之前发布的"。玩具企业的被访人提到，"我们会通过分析客户投诉管理系统中收集到的客户投诉数据来监控潜在的质量问题，以便及时评估风险并做出是否召回的决策"。

在补偿方面，汽车和食品两家企业都会为受影响的消费者提供补偿，但是补偿的形式可能存在一定的差别。例如，汽车企业被访人提到，"当汽车发现有缺陷时，我们会免费更换或修理有缺陷的零部件。我们会为受影响的客户提供备用汽车"。食品企业的被访人提到，"如有质量问题，可协商赔偿消费者，赔偿金额一般是价格的1~10倍"。表4-3汇总了各个案例企业在产品伤害危机应对策略方面的分析结果。

表4-3　　　　　　　　各企业的产品伤害危机应对策略

产品伤害危机应对	汽车	医药	食品	玩具
主动性	会积极主动地进行召回，并通过多种渠道收集有关质量的信息 公司曾经在互联网上看到消费者投诉，进行评估后立刻召回了产品	会主动召回产品，即使会给我们企业带来巨大的负面影响 所有召回公告都是在消费者出现健康问题之前发布的		会通过分析客户投诉管理系统中收集到的客户投诉数据来监控潜在的质量问题，以便及时评估风险并做出是否召回的决策

续表

产品伤害危机应对	汽车	医药	食品	玩具
补偿	当汽车发现有缺陷时,我们会免费更换或修理有缺陷的零部件 会为受影响的客户提供备用汽车		如有质量问题,可协商赔偿消费者,赔偿金额一般是价格的1~10倍	

资料来源：笔者自制。

由表4-3中的案例分析结果可以看出，企业在应对产品伤害危机时通常会从两个方面做出回应，一是进行召回的主动性，二是如何补偿消费者，而且这两个决策是相互独立的，因为这两个决策并不是同时出现，有些企业只在主动性方面做出应对，有些只在补偿方面做出应对。

以上研究结果与现有的研究存在一定的差异。现有研究基本都认为企业的应对策略是单一维度的，在研究过程中也把应对策略作为一个单一维度的变量进行处理，如西莫克斯和库兹巴德（1994）。因此，本书将对产品伤害危机应对策略的维度进行重新定义，将其划分为主动性和补偿两个维度。

第三节 研 究 假 设

一、召回策略对消费者感知组织合法性的直接影响

合法性是一种社会判断，最终由组织的组成部分给予组织（Ashforth and Gibbs，1990）。当组织的价值和行动与受众的价值和对行动的期望一致时（Dowling and Pfeffer，1975），或者当受众接受或认可组织的手段和目的是有效的、合理的和理性的时（Suchman，1995），组织就会被认为是合法的（Dowling and Pfeffer 1975；Suchman 1995）。

萨奇曼（1995）根据获得合法性过程中的行为动态，将合法性分为三种不同类型：务实合法性、道德合法性和认知合法性。务实合法性建立在组织的直接受众的自利计算之上。道德合法性建立在对某一特定行为是否"正确"的判断上。一般而言，道德合法性有四种形式：产出和结果的评价（结果性

合法性)、技术和程序的评价（程序性合法性）、类别和结构的评价（结构性合法性）、领导人和代表的评价（个人合法性）。以认知为基础的认知合法性有两种变体，即基于可理解性的合法性和基于想当然的合法性。

合法性对组织来说非常重要。首先，合法性是一种重要的资源（Perrow, 1970; Dowling and Pfeffer, 1975; Meyer and Rowan, 1977; Ogden and Clarke, 2005）；其次，合法性不仅影响人们对组织的行为，还影响人们如何理解组织（Suchman, 1995）。受众会觉得具有合法的组织更有价值、更有意义、更可预测、更值得信赖。最后，所有的组织决策都需要合法化，否则，它们就不能被证明是正当的。

尽管组织合法性的概念在营销和企业管理领域的文献中已经讨论了多次，但是在运营管理领域的研究中，组织合法性的重要性却被忽视了。在产品伤害危机事件中，企业对产品召回的决定/应对策略的合法性也是非常重要的。因此，在本章中，我们将会把消费者感知的合法性作为衡量产品伤害危机应对策略有效性的一个重要指标。

依据服务主导逻辑理论，产品是企业为消费者提供服务的一个载体，是服务的一部分。因此，发生产品伤害事件可以被看成是服务失败的一种，企业对产品伤害危机的应对即为服务补救。在服务补救中，消费者希望在过程和结果两个方面都得到公平的对待，即期望得到过程公平和结果公平。结果公平是指实际或有形结果相对于投入（即折扣、优惠券和免费膳食）的感知公平（Blodgett et al., 1997; Ok et al., 2005）；过程公平是指企业为实现补救努力而采用的政策、程序和标准（即等待时间、响应能力和程序灵活性）的公平性（Blodgett et al., 1997; Tax et al., 1998）。

在产品伤害危机事件发生时，一方面，消费者希望在政策、规则和过程的及时性上得到公平，比如企业允许受影响的消费者提出自己的意见、采纳消费者的建议或者及时回答关于服务失败的问题等。在产品召回中，主动召回比消极召回更能使消费者觉得过程公平。另一方面，期望自己所经受的损失得到相应的补偿。如果结果或赔偿能够化解他们的不满，消费者会认为结果是公平的。在产品召回中，如果赔偿金额与产品缺陷造成的损失相匹配，消费者将给予企业公平的对待。

此外，根据组织合法性理论，合法性取决于过程和结果两个方面（Dowling and Pfeffer, 1975）。如果企业能够让消费者在过程或结果感知到公平，那么他们就会认为企业更具有合法性。为此，本章提出假设4-1、假设4-2。

假设4-1：在发生产品伤害危机时，相对于消极召回，消费者会对主动召回的企业赋予更高的组织合法性。

假设4-2：在发生产品伤害危机时，相对于提供低补偿的企业，消费者会赋予提供更高补偿的企业较高的组织合法性。

二、召回策略对消费者再次购买意愿的直接影响

当发生产品伤害危机时，消费者希望能够得到公平的对待。根据期望理论，如果消费者期望的公平能够得到满足，那么消费者就会感到满意，进而从行动上就会支持焦点企业。因为消费者会支持那些能够满足他们公平期望的企业，所以他们将来更有可能购买召回企业的产品，克莱梅（1993）的研究结果发现，过程公平程度越高，消费者的回购意愿就越好，传递负面口碑的可能性就越低。为此，本章提出假设4-3、假设4-4。

假设4-3：在发生产品伤害危机时，相对于实施消极召回的企业，消费者会更愿意购买实施主动召回的企业的产品。

假设4-4：在发生产品伤害危机时，相对于提供低补偿的企业，消费者会更愿意购买提供更高补偿的企业的产品。

三、召回策略对感知组织合法性和再次购买意愿的交互效应

双因素理论认为，服务属性可以分为保健因素和激励因素两类。保健因素通常只会影响个体的不满意程度，而不会对满意产生影响。也就是说，当保健因素未得到满足时，个体会感觉不满意；但即使保健因素得到了满足，个体也不会感觉满意。激励因素则显著影响满意度，当激励因素得到满足时，个体会感觉满意，但当激励因素未得到满足时，个体也不会感到不满意。而且，只有当保健因素得到满足时，激励因素才会起作用（Johnston，1995）。

根据双因素理论，与金钱相关的因素通常被认为是保健因素；与过程相关的因素通常被认为是激励因素。也就是说，召回过程中企业对消费者提供的补偿是保健因素，而召回主动性则是激励因素。

因此，根据双因素理论，我们可以推断，只有当消费者的补偿得到满足时，召回的主动性才会起作用，更大程度地提高消费者的满意度，也就会赋予组织更大的组织合法性，会更愿意购买召回企业的产品。为此，本章提出假设4-5、假设4-6。

假设4-5：召回主动性和补偿对感知组织合法性的影响存在显著的交互

效应。具体来讲，当补偿较低时，召回的主动性不会影响合法性感知；当补偿较高时，召回的主动性会显著增加感知到的组织合法性。

假设4-6：召回主动性和补偿对消费者再次购买意愿的影响存在显著的交互效应。具体来讲，当补偿较低时，召回的主动性不会影响再次购买意愿；而当补偿高时，召回主动性会增加再次购买意愿。

四、感知组织合法性的中介效应

在危机中，态度和行为之间的积极关系已经被一些研究证实（Coombs，2007；McDonald and Sparks et al.，2010），消极的情绪会导致消极的行为，而积极的情绪会在购买意愿方面增加对企业的支持（Coombs，2007）。因此，当消费者认为该企业更合法时，他们就更有可能购买该企业的产品。

此外，根据组织合法性理论，对于企业来讲，合法性是一种重要的资源（Perrow，1970；Dowling and Pfeffer，1975；Meyer and Rowan，1977），它可以帮助吸引经济资源并获得企业持续成功运营所需的社会和政治支持（Ogden and Clarke，2005）。消费者对企业产品的购买意愿也是一种重要的市场资源，当企业获得合法性时，就可以利用合法性为企业获得这种资源。

另外，合法性不仅影响人们如何对组织采取行动，而且还能影响他们如何理解这些组织（Suchman，1995；Vergne，2011）。消费者会认为合法的组织更有价值、更有意义、更可预测和更可信。当消费者认为召回企业"更有价值、更有意义、更可预测和更可信"时，那么他们也就更愿意与其发生交易。而且，合法性能够为企业的决策和行为进行辩护，只有具有合法性的行为和决策才有存在的合理性和必要性。在产品伤害危机事件中，如果企业实施了召回策略，消费者就会赋予召回企业相应层次的组织合法性，当他们认为企业具有较高的组织合法性时，那么企业的召回决策就会被认为是合理的和必要的，消费者因产品伤害危机事件而引发的不满就会大大降低，从而维持了较高水平的回购意愿。

综上所述，本章认为感知组织合法性会在召回策略和消费者再次购买意愿之间起到中介效应，也就是本章提出的假设4-7、假设4-8。

假设4-7：感知组织合法性在召回主动性与消费者再次购买意愿之间起到中介作用。

假设4-8：感知组织合法性在补偿与消费者再次购买意愿之间起到中介作用。

图 4-1 展示了本章将要测试的概念模型。

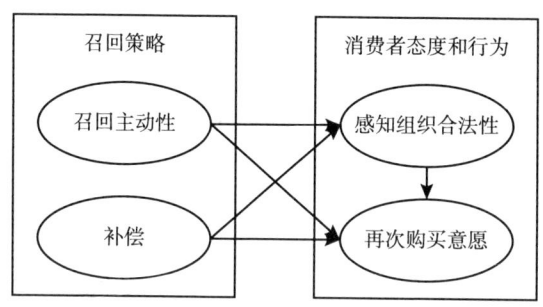

图 4-1　产品召回策略对中国消费者行为影响的理论研究模型
资料来源：笔者自制。

第四节　研究设计及数据收集

为了验证研究假设，本章设计了2（高补偿与低补偿）×2（主动召回与消极召回）情景脚本实验。来自中国的172名大学本科生自愿参加了这项实验。他们的平均年龄为19.52岁（从17岁到23岁）。

为了确保参与者对产品的熟悉度，笔者选择了一家果汁企业作为背景。此外，为了尽量减少受试者的偏见，笔者使用了一个虚构的名字（ABC）作为企业的名称。

在实验开始前，研究人员向所有的参与者进行说明："这是一项关于消费者行为的研究。这些回答将被保密，数据只会在汇总层面上进行分析。研究结果将只用于学术研究，不用于任何其他目的。在这项研究中，你需要仔细阅读一个短的情景故事，并假设它是真实的，然后根据所读到的情景回答后面的问卷。整个过程大概需要15分钟的时间。本次研究并非强制性，如果你不想继续参加，你可以在开始后随时退出。"在调查了参与者的参与意愿后，实验人员在参与者之间随机分配了不同的场景和问卷。

在问卷的第一页，是一个简短的研究背景介绍，这个介绍如前所述已经在实验开始前由实验人员向被试者进行口头说明。在这一页之后，是一份长度为一页的问卷调查，调查内容包括饮用果汁的频率、产品召回知识和一些人口统计信息。

在实验情景描述的开始，向受访者提供了企业的背景信息，包括以下

描述:

"ABC 是一家生产橙汁饮料的企业,请想象你是 ABC 公司的消费者,而且真的很喜欢他们的果汁,已经喝它的果汁好几年了。昨天,ABC 公司宣布将召回 30 万瓶橙汁饮料(生产代码:091206-01)。该企业报告称,由于企业的生产过程中使用的添加剂受到了污染,因此,最终产品可能会导致健康问题。"

接下来是高补偿或低补偿的实验情景。高补偿组的参与者读到的信息如下:

"ABC 公司正式召回了受污染的产品,并向所有受影响的消费者提供了购买费用 5 倍的赔偿。此外,ABC 还提供了身体检查和任何相关治疗的医疗费用。"

低补偿组的参与者读到的情景如下:

"ABC 公司正式召回了受污染的产品,并向所有受影响的消费者退还购买费用。没有向受影响的客户提供额外补偿。"

在读完有关补偿的操控信息后,参与者就会读到有关召回主动性操控的情景设计内容。召回主动性的操控共分为主动召回和消极召回两个档次。在主动召回情景中,对企业的描述如下:

"据可信的媒体报道,ABC 公司通过内部检查发现了缺陷,并决定立即召回该产品。"

在消极召回的情境中,参与者读到的对企业的描述如下:

"据可信的媒体报道,ABC 公司通过内部检查发现了缺陷,但直到政府要求召回后才召回。"

在阅读完场景后,参与者将 ABC 公司对产品召回主动性和赔偿的反应进行评分,评分的结果将用于实验操控有效性检验。

最后,所有被试都完成了关于 ABC 公司组织合法性感知和未来再次购买意愿的问卷。

第五节 数据分析及假设检验

一、操控有效性检验

本部分共进行了两个操控有效性检验,即对两个自变量(召回主动性和补偿)分别进行了操控有效性检验,结果如表 4-4 和表 4-5 所示。

自变量补偿的实验操控有效性检验。从表 4-4 中可以看出,高补偿组的参与者感知到的补偿（均值 = 3.99，标准差 = 1.28）明显高于低补偿组 [均值 = 2.32，标准差 = 1.41，$F(1, 161) = 62.21$，$p < 0.001$]。而且，从表 4 – 5 的结果可以看出，被试者感知到的补偿不受企业召回主动性操控的影响，因为召回主动性的实验操控对感知补偿影响的主效应不显著 [$F(1, 159) = 1.51$，$p > 0.05$]，同时，召回主动性和补偿这两个变量的实验操控对被试者感知补偿的影响不存在交互作用效应 [$F(1, 159) = 1.17$，$p > 0.05$]。因此，补偿的实验操控是有效的。

召回主动性的实验操控有效性检验。检验结果正如预期。从表 4 – 4 中可以看出，主动召回组的参与者认为企业的反应更加主动（均值 = 5.09，标准差 = 1.27），而消极召回组的参与者认为企业的反应更消极（均值 = 2.02，标准差 = 1.08），且两组的感知存在明显的差异 [$F(1, 149) = 255.39$，$p < 0.001$]。而且，从表 4 – 5 的结果可以看出，被试者对企业召回主动性的感知不受会补偿操作的影响，因为补偿的实验操控对感知的召回主动性影响的主效应不显著 [$F(1, 147) = 3.57$，$p > 0.05$]。同时，召回主动性和补偿这两个变量的实验操控对被试者感知召回主动性的影响不存在交互作用效应 [$F(1, 147) < 1$]，因此，对企业召回主动性的实验操控是成功的。

表 4 – 4　　　　中国消费者实验操控检验的均值及标准差

因变量	实验操控	均值	标准差
感知补偿	低补偿	2.32	1.41
	高补偿	3.99	1.28
感知的召回主动性	消极召回	2.02	1.08
	主动召回	5.09	1.27

资料来源：SPSS 统计结果。

表 4 – 5　　　中国消费者实验操控有效性检验的 ANOVA 分析结果

自变量	因变量 = 感知的补偿		因变量 = 感知的召回主动性	
	F 值	p 值	F 值	p 值
补偿	61.92	0.00	3.57	0.06
召回主动性	1.51	0.22	254.28	0.00
补偿 × 召回主动性	1.17	0.28	0.27	0.60

资料来源：SPSS 统计结果。

二、假设检验

为了验证研究假设,首先对数据进行多元方差分析(multivariate analysis of variance,MANOVA)。之所以采用多元方差分析的方法,是因为本章的研究有两个因变量,当因变量的数量超过一个并且因变量之间存在相关关系时,该方法的研究结果相对于 ANOVA 的结果更加可靠。研究结果如表 4-6 所示。该研究结果显示:补偿 [Wilks' Lambda = 0.889,$F(2, 153) = 9.54$,$p < 0.001$] 和召回主动性 [Wilks' Lambda = 0.877,$F(2, 153) = 10.68$,$p < 0.001$] 都具有显著的多元主效应影响。

表 4-6 MANOVA 分析结果

变量	F 值	p 值
控制变量		
性别	5.14	0.007
年龄	3.75	0.026
是否喝果汁	0.15	0.865
是否听说过召回	1.37	0.256
是否经历过召回	0.26	0.769
自变量		
补偿	9.54	0.000
召回主动性	10.68	0.000
补偿 × 召回主动性	4.05	0.019

资料来源:SPSS 统计结果。

在检测到显著的多元主效应之后,为了能够更清楚地分析每一个自变量对因变量所产生的主效应影响,需要对每个因变量进行单元的分析,分析结果见表 4-7。结果表明,主动召回组的参与者对组织合法性的感知高于消极召回组 [主动召回组:均值 = 4.23,标准差 = 1.17;消极召回组:均值 = 3.56,标准差 = 1.02;$F(1, 154) = 14.46$,$p < 0.001$]。因此假设 4-1 得到支持。高补偿组的组织合法性感知(均值 = 4.26,标准差 = 1.08)显著高于低补偿组的组织合法性感知 [均值 = 3.54,标准差 = 1.11;$F(1, 154) = 18.04$,$p < 0.001$]。因此,假设 4-2 得到支持。另外,主动召回组参与者的再次购买意

愿高于消极召回组［主动召回组：均值＝3.71，标准差＝1.56；被动召回组：均值＝2.78，标准差＝1.30；F（1，154）＝16.74，p＜0.001］。因此，假设4-3得到支持。此外，研究结果还显示：高补偿组的再次购买意愿（均值＝3.59，标准差＝1.49）显著高于低补偿组的再次购买意愿［均值＝2.92，标准差＝1.45；F（1，154）＝8.33，p＜0.01］。因此，假设4-4得到支持。

表4-7 中国消费者的主效应分析

因变量	实验操控	均值	标准差	F值	p值
感知组织合法性	主动召回	4.23	1.17	14.46	＜0.001
	消极召回	3.56	1.02		
	高补偿	4.26	1.08	18.04	＜0.001
	低补偿	3.54	1.11		
再次购买意愿	主动召回	3.71	1.56	16.74	＜0.001
	消极召回	2.78	1.30		
	高补偿	3.59	1.49	8.33	＜0.01
	低补偿	2.92	1.45		

资料来源：在SPSS统计结果的基础上计算而得。

以上召回主动性和补偿的主效应也可以被显著的多元交互效应和单元交互效应所证实，其中多元交互效应系数Wilks' Lambda为0.95［F（2，153）＝4.05，p＜0.05，见表4-6］；在单元交互效应中，召回主动性和补偿对组织合法性感知和再次购买意愿的交互效应均为显著［对感知组织合法性的交互效应：F（1，154）＝7.14，p＜0.01；对消费者再次购买意愿的交互效应：F（1，154）＝4.46，p＜0.05］。为了检验假设4-5，需要在每个补偿水平上检验召回主动性的简单主效应（simple main effect）。结果表明，当企业提供低补偿时，组织合法性感知不受召回主动性的影响［消极召回：均值＝3.43，标准差＝1.09；主动召回：均值＝3.65，标准差＝1.11；F（1，81）＝1.01，p＞0.1］；而当提供高补偿时，感知到的组织合法性会随着召回主动性的增加而增加［消极召回：均值＝3.69，标准差＝0.93；主动召回：均值＝4.79，标准差＝0.94；F（1，80）＝28.25，p＜0.001］，结果见图图4-2。因此，研究假设4-5得到支持。同理，对于消费者再次购买意愿的影响，当企业补偿较少时，再次购买意愿不受召回主动性的影响［消极召回：均值＝2.64，标准差＝1.38；主动召回：均值＝3.19，标准差＝1.49；F（66）＝2.31；p＞0.1］；而当补偿较多时,再次购买意愿会受到召回主动性的影响[消极召回:均值 = 2.92,标准差 = 1.21;主动召回:均值 = 4.20,标准差 = 1.47;$F(1, 70) = 18.71$,$p < 0.01$],结果见图4-3。因此,研究结论支持了研究假设4-6。

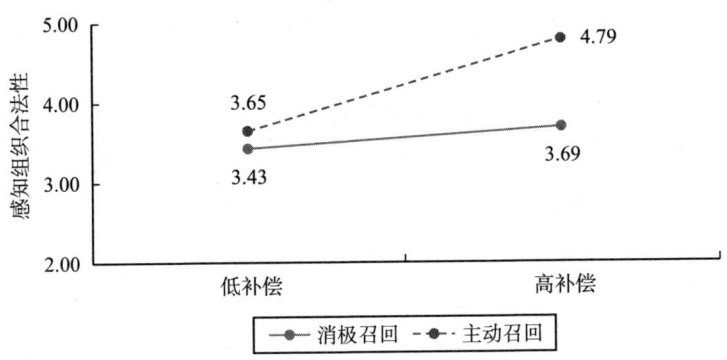

图4-2　召回主动性与补偿对组织合法性感知的交互效应

资料来源:在SPSS统计结果的基础上绘制。

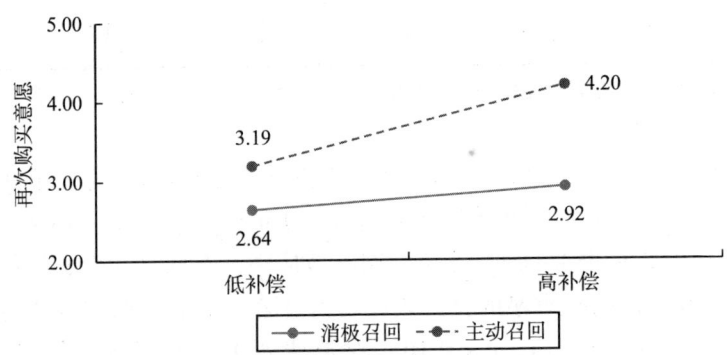

图4-3　召回主动性与补偿对再次购买意愿的交互效应

资料来源:在SPSS统计结果的基础上绘制。

此外,按照(Baron and Kenny, 1986)提出的检验中介效应的三个步骤,验证了组织合法性的中介效应在召回策略和消费者再次购买意愿之间的中介效应。结果见表4-8和表4-9。从这两个表中我们可以得出,组织合法性感知在补偿和消费者再次购买意愿之间起到完全中介效应,而在召回主动性与消费者的再次购买意愿之间起只到部分中介作用。因此,研究假设3-9全部得到支持,而研究假设3-8得到部分支持。

表 4-8　感知合法性在补偿与再次购买意愿之间的中介作用（中国内地）

自变量	DV = 感知合法性	DV = 再次购买意愿	DV = 再次购买意愿
补偿	0.30 ***	0.23 ***	0.06 n.s.
感知组织合法性	—	—	0.52 ***
R^2	0.09 ***	0.05 **	0.35 ***
ΔR^2	—	—	0.29 ***

注：* 在 0.05 水平显著，** 在 0.01 水平显著，*** 在 0.005 水平时显著。
资料来源：依据 SPSS 统计结果整理而得。

表 4-9　感知合法性在召回主动性与再次购买意愿之间的中介作用（中国内地）

自变量	DV = 感知合法性	DV = 再次购买意愿	DV = 再次购买意愿
召回主动性	0.36 ***	0.31 ***	0.16 *
感知组织合法性	—	—	0.49 ***
R^2	0.13 ***	0.09 ***	0.31 ***
ΔR^2	—	—	0.22 ***

注：* 在 0.05 水平显著，** 在 0.01 水平显著，*** 在 0.005 水平时显著。
资料来源：依据 SPSS 统计结果整理而得。

第六节　本章小结

已有研究几乎全是针对西方的消费者展开，而针对中国市场上的产品伤害危机事件及产品召回应对策略的研究并不充分，本章特以中国的产品伤害事件为背景，以产品召回的召回主动性和补偿策略为主要的应对策略，研究中国消费者对企业不同应对策略的组织合法性感知和再次购买意愿的差异。研究结果显示，首先，中国的消费者会依据企业的召回主动性和补偿两个方面来进行企业的组织合法性评价，也会据此来进行购买意愿的选择。当企业实施主动召回时，相对于消极召回，消费者会赋予企业更高的组织合法性，也更愿意再次从这些企业购买产品。其次，当企业提供越高补偿时，消费者赋予的组织合法性就会越高，再次购买的意愿也就越强。但是，只有当提供高补偿的时候，召回主动性对感知合法性和再次购买意愿的正向影响作用才会被充分发挥；当提供低补偿时，不论企业实施的主动召回还是消极召回，消费者感知组织合法性和再次购买意愿的差异不大。最后，企业的召回策略对再次购买意愿的影响需要通过组织合法性来进行传递，尤其是补偿策略对再次购买意愿的影响，如果企业想通过高补偿来提高消费者的再次购买意愿，那么就只有通过改变消费者的感知合法性才能发挥作用。

第五章　产品伤害危机的召回策略对消费者行为影响的跨文化比较研究

第一节　引　　言

随着经济全球化的发展，企业的全球化进程也逐步加快，很多企业把产品在多个国家的市场上同时销售。因此，当发生产品伤害危机时就面临同时在多国市场上进行处理和应对的问题，例如根据国家市场监督管理总局缺陷产品管理中心报告的数据，丰田就曾经发布多次全球召回的公告。在2010年10月，因为刹车总泵油封存在缺陷影响行驶安全性而在全球（包括欧洲、美国、日本、中国、澳大利亚等）召回包括皇冠、锐志、汉兰达、雷克萨斯和亚洲龙等车型；2011年丰田又因漏油风险宣布在全球召回汽车，涉及的市场包括日本、美国、英国、德国等。此外，宜家也曾发生多次的全球召回案例。2016年7月，在美国和加拿大召回 Malm 抽屉和梳妆台等系列家具，召回原因为这些款式的家具重心太高，如果不能固定在墙上则有可能发生倾倒而导致伤害。2020年1月，宜家又宣布在全球召回印度生产的特鲁利维斯旅行杯，召回原因是在测试中发现邻苯二甲酸二丁酯的迁移量超过限值，可能会对人体健康造成危害。

在这些全球召回案例中，很多企业在全球范围内采用了同样的召回应对策略（如2020年宜家召回的特鲁利维斯旅行杯），但是，这是不是最好的解决方案呢，是不是采用了相同的应对策略就可以在不同国家都收获同样的效果呢，不同国家的消费者对企业的感知和评价是不是相同的呢？对于以上这些问题，现有研究并未给出答案。这主要是因为，现有的研究基本上都是以单一国家或地区的消费者为研究背景，因此在回答此类问题上存在明显的局限性。

然而，消费者对企业的认知评价和购买行为是依赖于其所处的社会文化环境的。不同国家的消费者因为文化的不同会表现出不同的消费行为。例如，科尔等（Kher et al.，2013）的研究结果发现，不同国家的消费者对风险的排名不同，因此，消费者对产品伤害危机应对策略的反应也因国而异，同一产品伤害危机应对策略有可能在不同的地区达到不同的效果。鉴于全球范围内跨国产品伤害危机和产品召回数量的不断增加，特别是同一产品在不同国家召回事件的频发，应该就此类事件展开跨文化的对比研究，检验不同国家的消费者对产品伤害危机应对策略的反应是否存在差异。这对于企业应对跨国的产品伤害危机事件具有重要的意义，能够为企业在不同地区选择适当的应对策略提供有效的参考。

第二节　文化及文化差异

文化是一种思维的集体程序，它将一个群体或一类人与另一类人区分开来（Hofstede，2005）。在不同的国家和地域，文化是存在着差异的，这一观点在学术界也已经基本达成共识。多个学者从不同的角度提出了国家文化（national culture）理论，来解释不同国家或地区之间的文化差异。其中，已经得到广泛认可的是爱德华·霍尔（Edward T Hall）提出的高语境（high-context）和低语境（low-context）理论以及霍夫斯泰德（Hofstede）提出的文化维度理论（cultural dimension theory）。

1976年，霍尔在他的著作《超越文化》中提出文化具有语境性，并将语境分为高语境与低语境两种情境。他认为，高语境文化更倾向于使用高语境信息，而这些信息绝大部分要么隐含在实际物理环境中，要么被内化在个人身上，例如信念、价值观和规范，极少数是被进行清晰、明确编码的信息。在高语境文化中，信息的发送者和接收者都能够很好地理解消息的上下文情境，他们依靠上下文来传达消息的大部分甚至全部含义。中国、法国、日本和韩国等文化属于典型的高语境文化。

与高语境文化相反，低语境文化更倾向于使用低语境信息，也就是说，在所使用的信息当中大多数信息是显式的、直接的并且完全能够用语言进行编码。在低语境文化中，沟通的信息能够被完整、清晰、明确地进行表达。除此之外，含义完全依赖于词语。霍尔认为德国和瑞士是典型的低语境文化，美国的文化处于低语境文化的中间位置（Hall，1984）。虽然高低语境文化存在着一定的差异，霍尔也对不同国家的高低语境进行了区分，但是，对每个国家来说高低语境并不是绝对的，而是相对的。

另外一个得到广泛认可的国家文化的理论，即霍夫斯泰德的国家文化维度理论。在进行了大量的问卷调查和数据分析之后，霍夫斯泰德识别出了国家文化的4个维度，即权力距离（power distance）、不确定性规避（uncertainty avoidance）、个人主义或集体主义（individualism or collectivism）、男性气质或女性气质（masculinity or femininity）。在后续的研究中，他又增加了第五个维度——长期或短期导向（long-term/short-term orientation）。而这个维度恰好是中国与西方文化的明显差异之一（Chang，2003）。一些学者认为霍夫斯泰德的国家文化理论为解释文化价值和社会行为之间的关系提供了一个很好的理论框架。因此，很多管理和营销领域的学者在进行跨文化的比较研究时，大量引用了该理论。

在霍夫斯泰德所提出的5个维度当中，权力距离是指"在一个国家的组织或机构当中，处于权利弱势地位的成员对权力分配不均的接受程度"（Hofstede，1991），每个国家在权力距离这个维度上是存在差异的。在低权力距离文化中，强调社会或阶级对不均的最小化，可以对权威人物提出质疑，也需要尽可能减少结构层级。在低权力距离文化当中，人们普遍认为大家都是平等的。与此相反，高权力距离文化当中，人们认为每个人都有他自己所属的社会位置，并且对权力阶层和分配不均表现出更高的容忍度。

不确定性规避，是指文化当中的成员感受到的受到不确定性或未知情境威胁的程度，这一维度体现了在特定文化当中的人们会如何适应环境以及处理不确定性。在低不确定性规避文化中，人们对不确定性表现出更高的容忍度，个体在处理不确定性时表现得更加容易，而且对不同于自己的行为和观点也表现出更高的容忍度（Samovar and Porter，2002）。例如，丹麦、牙买加和新加坡就是典型的低不确定性规避文化，而以希腊和葡萄牙为代表的就是典型的高不确定性规避文化。在后者这样的文化当中，人们认为不确定性是危险的，需要通过各种方式进行规避，希望能够通过一系列的规则、规章或固定程序来提高确定性和安全性。

个人主义或集体主义体现出人们与更大的社会组织之间的关系或参与程度。根据霍夫斯泰德（1991）提出的定义，个人主义"适用于个体之间的联系较为松散的社会，在这个社会当中，每个人只需要照顾好自己及其直系亲属"。在这样的文化当中，个体认为他们是独立的、独一无二的，在制定决策时，他们会从个体的角度出发来判断是否对个体有益，而不是从集体的角度出发。而与此相反，集体主义"是指个体从出生起就融入了强大而团结的群体社会，并且这些群体会在个体的整个生命中持续保护着他们，以换取毫无疑问的忠诚度"。在集体主义文化当中，集体对个体来讲具有非常重要的地位，人们在制定决策时往往是从集体的角度出发，考虑对集体是否有好处，而不是从个体的角度出发。霍夫斯泰德认为美国、澳大利亚和荷兰是相对典型的个人主义国家；而中国、印度尼西亚和巴基斯坦则是相对典型的集体主义国家。

男性气质或女性气质，表明社会文化对诸如自信、获得财富或关爱他人以及生活质量等行为的重视程度。在日本、奥地利和意大利这样的男性气质文化中，会通过绩效表现来对人们做出评价，它们崇尚成就、野心以及人们获得的财富（Samovar and Porter，2002）。而以泰国、智利和瑞典等为代表的女性气质文化，则对生活质量的关注度更高，对外部成就、男子气概或社会地位的关注度则较低。处于这样文化中的人们更容易对不幸的人表现出温柔和同情（Mooij and Hofstede，2002）。

长期导向或短期导向，是以个体对生活和工作的时间参照点。霍夫斯泰德（1991）认为，长期导向的文化更提倡毅力、节俭、谦逊和羞耻感等品质，相反，短期导向的文化倾向于关注现在或过去。

霍夫斯泰德（2005）的研究结果显示，每个国家或地区的文化在这些维度上都存在差异，图5－1显示了本书研究的三个城市在这5个维度上的差异。相对于B市和C市，A市是一个典型的集体主义、长期导向、高权力距离型文化；C市则是一个典型的个人主义、短期导向和低权力距离型文化；B市所在地区被认为同时受到东西方文化的影响，在这5个维度上的表现基本都介于A市和C市之间。

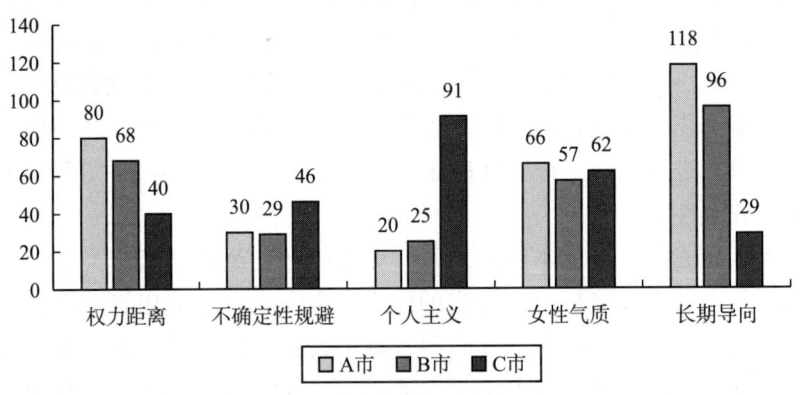

图5－1 不同地区文化差异对比

资料来源：Hofstede G J. Cultures and Organizations：Software of the Mind（Third Millennium Edition）[M]. New York：McGraw-Hill，2005.

第三节 文化差异对消费者行为的影响

根据美国市场营销学会对消费者行为的定义,消费者行为是情感、认知及行为对环境的一个互动过程,是人类进行生活交换行为的基础。也就是说,消费者行为不是一个简单的购买行为,还包括消费者的心理以及影响消费者的思想、认知、情感等外在环境等因素。

霍夫斯泰德(2005)认为文化是在同一社会环境中的人群所共同拥有的一种心理编码。这种心理编码并非与生俱来,而是在社会环境中学习得。因此,我们可以看到很多人长期生活在相同的环境下,思维和行为方式就会变得越来越相似。作为对信念、价值、规范和社会实践的一种共同的解释,文化对消费者的行为也产生了重要的影响。这是因为消费者的所有行为都处于特定的文化当中,是消费者行为的大环境,必将对消费者的互动产生重要的影响。彼得和奥尔森(Peter and Olson,2002)在其著作 *Consumer Behavior and Marketing Strategy* 中,提出了消费环境、消费者情感和认知、消费者行为三者之间的互动关系(如图5-2所示)。

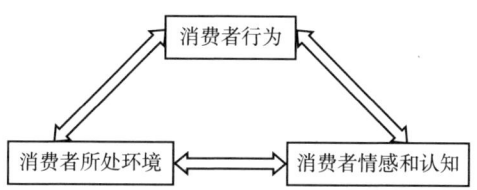

图5-2 消费者行为与消费者所处环境、情感和认知之间的关系

资料来源:Peter J P, Olson J C. Consumer behavior and marketing strategy. New York:McGraw-Hill,2002.

除此之外,文化对消费者行为的影响也得到了很多研究的验证。如本章第二节所述,西方文化相对于东方文化具有明显的短期导向,因此在消费者的购买行为中表现为更注重短期和眼前的利益。有研究结果显示,由于西方文化更不具有耐性,因此消费者对未来的贴现行为更加明显,他们会进行更多的即刻消费(Chen and Ng et al.,2005)。从实践的角度,通过调查发现,在具体的购买行为中,不同文化中的消费者在做出购买决策时所考虑的因素存在明显差异。表5-1显示了中美两国消费者在购买汽车时考虑的主要要素的差异。

表 5-1　　　　　　　中美两国消费者购车重视因素对比

2009~2013 年中国消费者购车标准（TOP5）	
质量好	15%
品牌信誉好	13%
朋友和亲戚推荐	13%
车型外观好	10%
产品安全性	10%
2009~2013 年美国消费者购车标准（TOP5）	
省油	15%
可靠性（无故障）	13%
价格优惠	13%
外观设计	10%
性能（动力、操控）	10%

资料来源：杜金玲，郭凯，李金锦. 中美消费者购车行为差异分析 [J]. 汽车纵横, 2014 (11): 96-100.

表 5-2 的调查结果显示，中国消费者在购买汽车时，重点考虑的因素为质量、品牌信誉、朋友和亲戚推荐、车型外观以及产品安全性；而美国消费者主要参考的指标为省油、可靠性（无故障）、价格、外观设计和汽车的性能（动力和操控）。

同时，文化的差异还会导致消费者对产品的理解发生变化。有学者通过语音和文本分析，对比了比利时、法国、意大利、挪威、波兰和西班牙 6 个国家对传统食品的定义和创新的理解，并提取出了传统食品概念的 4 个维度（习惯—自然、产地—本地性、加工—精细、感官特性）和创新的 5 个维度（创新—变化、品种、加工—技术、产地—民族性、便捷性）（Guerrero and Guardia et al., 2009）。研究结果显示，这 6 个国家在对传统食品的理解方面基本相似，但是在对创新的理解方面存在差异。这是因为文化会对消费者的行为产生显著的影响，所以很多市场营销领域的学者开始深入探讨文化的不同维度会如何影响消费者的行为。具体来讲，就是将霍夫斯泰德所提出的 5 个文化维度应用到市场营销的研究当中。索尔思和弗翰墨赫尔等（Soares and Farhangmehr et al., 2007）还专门对此进行了文献回顾，总结了不同的文化维度对营销和消费者行为所产生的影响，具体见表 5-2。

表 5-2　文献回顾：霍夫斯泰德 5 个文化维度对消费者行为和营销产生的影响

影响的领域	个人主义	不确定性规避	权力距离	男性气质	长期导向
创新	林恩和盖尔布（Lynn and Gelb, 1996）；斯汀坎普等（Steenkamp et al., 1999）；伊娃罗格鲁和杜尔苏（Yaveroglu and Donthu, 2002）；伊恩依尔特和汤森德（Yeniyurt and Townsend, 2003）；艾娃迪根和瓦特斯（van Everdingen and Waarts, 2003）	林恩和盖尔布（1996）；斯汀坎普等（1999）；伊娃罗格鲁和杜尔苏（2002）；艾娃迪根和瓦特斯（2003）；伊恩依尔特和汤森德（2003）	伊娃罗格鲁和杜尔苏（2002）；伊恩依尔特和汤森德（2003）；艾娃迪根和瓦特斯（2003）	艾娃迪根和瓦特斯（2003）	艾娃迪根和瓦特斯（2003）
服务绩效	博格伦等（Birgelen et al., 2002）		博格伦等（2002）	博格伦等（2002）	
广告诉求	博格伦等（2002）	米勒和盖尔布（Miller and Gelb, 1996）	米勒和盖尔布（1996）		
信息交换行为		达沃等（Dawar et al., 1996）	达沃等（1996）		
性别角色塑造				米尔纳和柯林斯（Milner and Collins, 1998）	

资料来源：Soares A M, Farhangmehr M, Shoharn A. Hofstede's dimensions of culture in international marketing studies [J]. Journal of Business Research, 2007, 60 (3): 277-284.

随着电子商务的发展，也有很多学者开始探讨文化差异对电子商务环境中消费者行为产生的影响。一些学者的研究结果显示，在电子商务平台中，消费者感知的产品质量、风险以及购买倾向会受到文化中的不确定性规避以及集体主义的显著影响（Rosillo-Díaz and Blanco-Encomienda et al., 2019）。尹（Yoon, 2009）构建了消费者电子商务接受模型，并在模型中考虑了文化对感知有用性、感知易用性、信任和使用意愿的影响，将霍夫斯泰德的文化维度（权力距离、个人主义、男性气质、不确定性规避和长期导向）作为调节因子。其研究结果显示，不确定性规避和长期导向会调节信任和使用意愿之间的关系，同时，男性气质也会调节感知有用性和使用意愿之间的关系以及感知易用性和意愿之间的关系；然而，与预期相反的是，权力距离与个人主义没有显著影响。

马蒂拉和帕特森（Mattila and Patterson, 2004）专门针对服务补救的情景，研究了东西方文化对消费者的归因及服务补救后的感知所产生的影响。作者选取了餐厅这种中等接触的服务为研究背景，并设计了研究实验。研究结果显示，东亚消费者与美国消费者对情境约束的不同敏感度会影响他们对服务失败的归因，进而影响他们对服务补救过程的满意度。更具体地说，研究结果表明，对服务失败进行因果解释可以减少美国消费者陷入基本归因错误的可能性，然而，在东亚，解释对归因过程的影响微乎其微。这一研究结果充分显示了不同地区的文化会对服务补救过程当中的消费者行为产生显著的影响。作为服务补救的一种特殊情形，文化也必将对产品伤害危机中的消费者行为产生显著影响。

第四节 研 究 假 设

一、跨文化的召回主动性和补偿的主要效应假设

如本书第四章所述，消费者对企业产品伤害危机的召回策略存在一定的公平期望，包括过程公平和结果公平。召回越主动，表明企业在危机处理过程中对消费者越公平，因为企业处理产品伤害危机事件是及时的、从消费者的角度出发来考虑问题的。因此，消费者会感知到较强的过程公平性，而这种过程公平的感知会增加消费者的组织合法性感知和再次购买意愿。也就是说，召回主动性对会消费者和感知组织合法性和再次购买意愿产生正向的影响。为此，本章提出假设5-1、假设5-2。

假设5-1：在A、B、C三市，召回主动性都会对消费者的组织合法性感知产生正向影响。

假设5-2：在A、B、C三市，召回主动性都会对消费者的再次购买意愿产生正向影响。

同理，在产品伤害危机事件中，消费者也期望在处理结果方面得到公平对待。当召回企业给予消费者高补偿时，消费者的损失会得到弥补，即会感知到结果公平。这种被满足的结果公平预期进而会转化为消费者的高度认同和购买意愿。也就是本章将要提出的假设5-3、假设5-4。

假设5-3：在A、B、C三市，补偿都会对消费者的组织合法性感知产生正向影响。

假设5-4：在A、B、C三市，补偿都会对消费者的再次购买意愿产生正向影响。

二、跨文化的召回主动性和补偿的交互作用假设

本章对召回主动性和补偿交互作用从两个不同的理论角度提出对立假设。如本书第四章所述，根据双因素理论，企业应对召回事件的补偿策略可以作为保健因素，而召回主动性则为激励因素，同时，本书第四章以中国消费者为研究对象的研究结果也证实了双因素理论在预测召回主动性和补偿的交互效应时的有效性。因此，根据双因素理论，可以预测二者的交互效应的模式如图5-3所示。

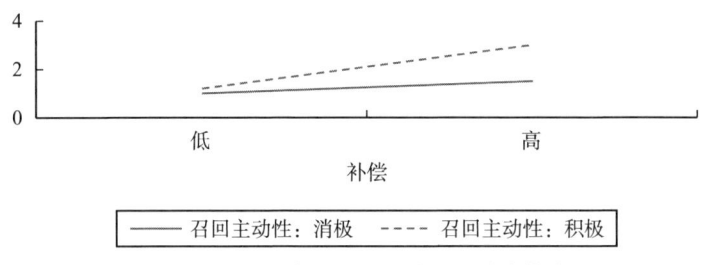

图5-3　双因素理论预测的交互效应模式

资料来源：笔者自制。

根据公平理论，结果公平与过程公平对顾客反应存在显著的交互效应，这一结论也已经在前人的研究中得到了肯定（Brockner，1996）。此外，阿布巴卡（2018）也认为，在预测服务失败后的满意度时，结果公平和过程公平之间存在显著的交互作用，结果公平和过程公平共同创造一种公平感（Cropanzano，1991）。但是这种公平感的创造存在着一定的过程，公平启发式理论认为，人们使用过程公平信息来推断自己与另一方的关系，特别是信任另一方的程度（Lind，2001）。当人们信任交换对象时，对不利结果的接受度会增加；否则，对不利结果的接受度会降低。

如前所述，在产品伤害危机发生后，消费者会从过程和结果两个方面对企业的应对进行公平性评价。召回主动性关系到消费者对过程公平性的感知，而补偿则会影响到消费者对结果公平性的感知。也就是说，根据公平启发理论，

如果企业实施主动召回，那么消费者就会更加信任该企业，此时就不会太关心补偿数量的多少；然而，当企业实施消极召回时，消费者就会不信任该企业，此时如果企业给予的补偿较少，那么消费者对企业的满意度就会大大降低。基于公平启发理论预测的召回主动性与补偿的交互效应如图 5-4 所示，与基于双因素理论所预测的交互效应截然相反。

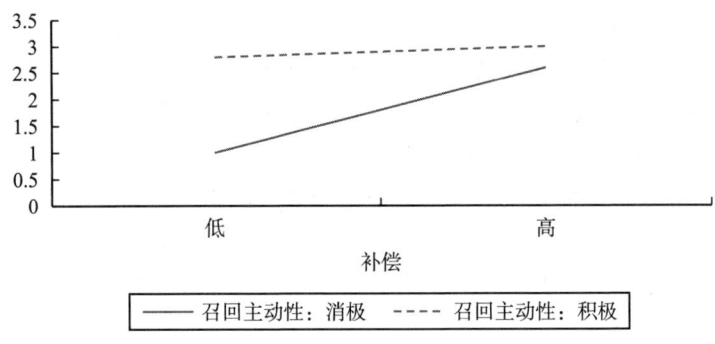

图 5-4 公平启发理论预测的交互效应模式

资料来源：笔者自制。

基于以往对公平性的研究（Bos et al., 1996），个体的预期会影响他们对所交易的组织的信任。卡多特等（Cadotte et al., 1987）提出，个体所处环境的文化或社会规范是影响消费者期望的重要因素。在召回规范较弱的情况下，消费者对召回结果没有明确的预期，交易的过程将是企业信任的主要决定因素，遵循公平启发式理论预测的模式（Hui et al., 2004）。然而，在严格的召回规范条件下，消费者对结果有着明确的预期。当文化或社会规范预计会出现有利的结果时，违反这一规范不仅会导致消费者出乎意料的失望，还会降低他们对企业的信任。当文化或社会规范倾向于给出不利的结果时，人们就不会信任企业。在这种情况下，交互作用将遵循双因素理论预测的模式。

在 A、B、C 三市所在地区，召回文化规范存在差异。C 市有着悠久的召回历史、成熟的法律制度，而 A 市的召回历史较短、法律制度尚不成熟。与上述两个地区相比，B 市介于二者之间。因此，C 市消费者对食品召回有着明确的预期，而 A 市和 B 市的消费者对企业召回策略的期望并不明确。此外，三个地区的社会文化也存在明显差异，C 市是典型的不确定性规避和短期导向文化，因此 C 市的消费者更会关注短期效益性的补偿，如果补偿不能得到满足，C 市的消费者将会感到非常不满意。而 A 市和 B 市的不确定性规避倾向相对较弱，同时 A 市还是典型的长期导向文化，因此，相对于 C 市，A 市和 B

市的消费者会更关注企业的召回主动性，即事件处理的过程公平性。为此，本章提出假设5-5、假设5-6、假设5-7：

假设5-5：在C市，召回主动性和补偿的交互效应将遵循双因素理论预测的模式，即只有当企业实施高补偿时，召回主动性对消费者感知合法性和再次购买意愿才能起到显著的正向影响，否则，差异不大。

假设5-6：在A市，召回主动性和补偿的交互效应将遵循公平启发理论预测的模式，即当企业实施主动召回时，补偿对消费者感知合法性和再次购买意愿的影响不大，而当企业实施消极召回时，补偿的差异会导致消费者的感知合法性和再次购买意愿产生显著差异。

假设5-7：在B市，召回主动性和补偿的交互效应将遵循公平启发理论预测的模式，即当企业实施主动召回时，补偿对消费者感知合法性和再次购买意愿的影响不大，而当企业实施消极召回时，补偿的差异会导致消费者的感知合法性和再次购买意愿产生显著差异。

三、跨文化的组织合法性感知的中介效应假设

如前所述，组织合法性是企业的一种重要资源，它可以帮助企业去获得其他资源。当消费者认为企业具有合法性时，他们会认为这些企业"更有价值、更有意义、更可预测和更可信"（Suchman，1995）。而对这些企业的肯定评价会直接转化为他们对企业的交易行为，即更多的购买企业的产品。相反，对那些没有获得合法性评价的企业，消费者会尽可能避免与之进行交易，这一点在消费者行为方面的研究中也得到了证实。消费者的购买意愿受到消费者情绪的直接影响（Coombs，2007）。而且在现有的消费者行为研究中，这一研究结论几乎得到了来自各个国家研究的证实。因此，本章认为，在A、B、C三市的组织合法性感知都将成为召回策略与消费者再次购买意愿之间的中介变量。

假设5-8：在A、B、C三市，感知组织合法性都会在召回主动性与消费者的再次购买意愿之间起到中介作用。

假设5-9：在A、B、C三市，感知组织合法性都会在补偿与消费者的再次购买意愿之间起到中介作用。

图5-5是本章所要研究的问题的理论模型整体框架。

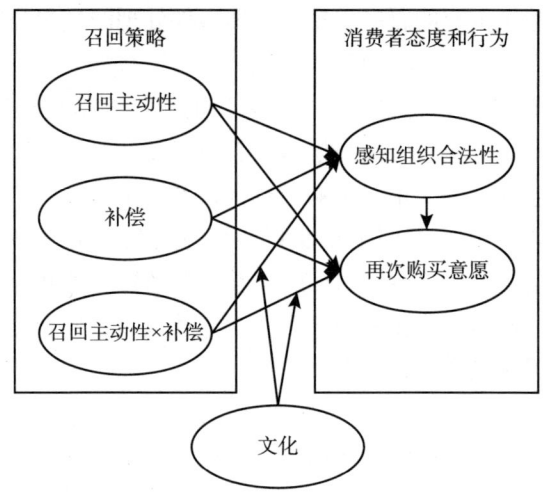

图 5-5　跨文化比较研究理论模型框架

资料来源：笔者自制。

第五节　研究设计及数据收集

本章的研究也采用了情景脚本实验的研究方法。研究设计与上一章类似，采用 2 个补偿（高补偿与低补偿）×2 个召回策略（主动召回与消极召回）的析因实验设计。为了保证实验被试者对研究场景的熟悉度，采用了橙汁作为召回产品。此外，为了尽量减少实验被试的偏见，使用了虚构的企业名称 M 作为焦点企业，负责召回产品。

在自变量的操控方面，也如第四章的设计，将高补偿描述为如下：

"M 正式召回了受污染的产品，并向所有受影响的消费者提供了购买价格 5 倍的赔偿。此外，M 还提供了身体检查和任何相关治疗的费用。"

低补偿的描述如下：

"M 正式召回了受污染的产品，并向所有受影响的消费者退还购买价格。没有向受影响的客户提供额外补偿。"

对召回主动性的操控如下：

主动召回："据可信的媒体报道，M 通过内部检查发现了缺陷，并决定立即召回该产品。"

消极召回："据可信的媒体报道，M 通过内部检查发现了缺陷，但直到政府要求召回后才召回。"

在确定好实验操控的内容后，首先用中文设计了全部 4 个情景的脚本以及问卷中的题项。但是因为本章的研究涉及跨文化的实验操控，而在境外需要采用英语来进行实验，因此，在完成了中文版的实验设计后，将其翻译成英文。翻译首先由来自中国在海外就读的博士研究生进行，然后将译出的英文版本由另外一个研究生翻译回中文，并将前后两个中文版本实验设计进行对比，检查包括情景脚本的内容以及问卷中的题项，确保翻译准确。对于两个版本中存在差异之处，由两位翻译人员进行讨论，得出一致意见，最后确保中文和英文版本的实验设计在内容和表达上都能够完全对等。

实验数据的收集过程在 A、B、C 三市展开。由项目团队中在当地就读的成员来完成。由于三个地区的实验由不同的研究人员来完成，为了保证实验过程的一致性，减少实验人员因素对实验结果造成的影响，特地在实验开始前对两位实验员进行了培训，培训内容包括实验的过程、实验中进行语言指导的内容、发放问卷的方法等。

在每个地区的实验开始前，研究人员首先都要对被试者进行语言上的指导，对研究进行说明。说明的内容为："这是一项关于消费者行为的研究。这些回答将被保密，数据只会在汇总层面上进行分析。研究结果将只用于学术研究，不用于任何其他目的。在这项研究中，需要你仔细阅读一个短的情景故事，并假设它是真实的，然后根据所读到的情景回答后面的问卷。整个过程大概需要 15 分钟的时间。本次研究并非强制，如果你不想继续参加，你可以在开始后随时退出。"只有在受试者表明意愿同意参与之后，实验人员才会正式开始发放问卷，将 4 个不同情景的脚本在参与者之间随机发放。

问卷的第一页为研究内容的简短介绍，内容与实验员进行语言指导的内容相同。第二页是对被试者基本情况的调查，包括饮用果汁的频率、产品召回知识和其他人口统计信息等。第三页是实验背景介绍，对召回事件的背景进行简短描述，具体如下："M 是一家生产橙汁饮料的企业，请想象你是 M 公司的消费者，而且真的很喜欢他们的果汁，已经喝它的果汁饮料好几年了。昨天，M 宣布将召回 30 万瓶橙汁饮料（生产代码：091206 - 01）。该企业报告称，由于生产过程中使用的添加剂受到了污染，因此，最终产品可能会导致健康问题。"

在此之后是前述对补偿和召回主动性的操控内容，在阅读完相应的情景后，被试者会被要求先写问卷。具体问题如本书附录 1 所示，主要包括用于操控有效性检验的对召回主动性和补偿的感知题项，以及作为研究所关注的因变量感知组织合法性和再次购买意愿两个变量的测量题项。

共有来自A市的172名学生、来自B市的74名学生和来自C市的177名学生自愿参加了这项实验。

第六节 数据分析及假设验证

一、操控有效性检验

与本书第四章的实验类似,本章的实验操控有效性检验也包含两部分,即分别对补偿和召回主动性进行操控有效性检验。由于实验样本来自A、B、C三个不同地区的市,需要保证实验操作在每个地区都是有效的。因此,在实验操控有效性检验部分,需要分别针对三个地区的样本进行检验。

(一)自变量补偿的操控有效性检验

对补偿的有效性检验的结果如表5-3和表5-4所示。通过表5-3可知,在来自不同地区的3份样本中,高补偿组的参与者感知到的补偿明显都高于低补偿组[B市:$F(1, 63) = 13.96$, $p < 0.001$;C市:$F(1, 166) = 59.45$, $p < 0.001$;A市:$F(1, 161) = 62.21$, $p < 0.001$]。而且,被试者所感知到的补偿并没有受到对企业召回主动性操控的影响,因为三个地区被试者的感知补偿受召回主动性的直接影响和召回主动性与补偿的交互影响均不显著,p值均大于0.05(见表5-4)。因此,对补偿的实验操控是成功的。

表5-3 三个地区补偿实验操控有效性检验的均值

因变量	实验操控	C市	A市	B市
感知的补偿	低补偿	3.18[a]	2.32[b]	3.17[a]
	高补偿	4.85[b]	3.99[a]	4.45[c]
	F值	59.45	62.21	13.96
	p值	<0.001	<0.001	<0.001

注:每一行的三个均值中,如果上标不同,则表示均值间有显著差异。
资料来源:依据SPSS统计结果整理而得。

表 5-4　三个地区补偿实验操控有效性检验 ANOVA 分析的 p 值

自变量	因变量 = 感知补偿		
	B 市	C 市	A 市
补偿	0.00	0.00	0.00
召回主动性	0.68	0.05	0.22
补偿 × 召回主动性	0.72	0.57	0.28

资料来源：依据 SPSS 统计结果整理而得。

此外，笔者还比较了自变量补偿这一相同的实验操控在不同地区被试者的感知中的差异（见表 5-3）。结果表明，虽然三个地区被试者的感知都满足了自变量补偿的实验操控的预期，但是在具体的感知程度上，各地区表现出一定的差异。具体如下：(1) 在低补偿组中，A 市的被试者所感知到的补偿明显低于 B 市和 C 市，B 市和 C 市之间没有明显差异；(2) 在高补偿组中，来自 C 市的被试者所感知到的补偿在三个地区中最高；来自 A 市的被试者所感知到的补偿在三个地区中最低；来自 B 市的被试者所感知到的补偿介于 A 市和 C 市之间，三个地区存在着明显的差异。

(二) 自变量召回主动性的操控有效性检验

对召回主动性的操控有效性检验结果如表 5-5 和表 5-6 所示。通过表 5-5 可以看出，来自三个地区的被试者都认为进行主动召回的企业比消极召回的企业更加主动 [B 市：$F(1, 63) = 27.86$, $p < 0.001$；C 市：$F(1, 166) = 89.87$, $p < 0.001$；A 市：$F(1, 149) = 255.39$, $p < 0.001$]。而且，被试者对召回主动性的感知不会受到补偿的实验操控的影响，因为三个地区被试者感知的召回主动性受补偿的直接影响和召回主动性与补偿的交互影响均不显著，p 值均大于 0.05（见表 5-6）。因此，企业召回主动性的操控是成功的。

此外，如同前文对补偿的有效性检验，本书还比较了召回主动性这一相同的实验操控在不同地区被试者感知中的差异（见表 5-5）。结果表明，虽然三个地区被试者的感知都符合召回主动性实验操控的预期，但是在具体的感知程度上，各地区表现出一定的差异，具体如下：(1) 在消极召回组中，A 市被试者所感知到的召回主动性明显低于 B 市和 C 市，且 B 市和 C 市之间没有显著差异；(2) 在主动召回组中，三个地区的被试者所感知到的召回主动性没有显著差异。

表 5 – 5　　　　三个地区召回主动性实验操控有效性检验的均值

因变量	实验操控	C 市	A 市	B 市
感知的召回主动性	消极召回	2.73^a	2.02^b	3.08^a
	主动召回	5.14^a	5.09^a	4.85^a
	F 值	89.87	255.39	27.86
	p 值	<0.001	<0.001	<0.001

注：每一行的三个均值中，如果上标不同，则表示均值间有显著差异。
资料来源：依据 SPSS 统计结果整理而得。

表 5 – 6　　　三个地区召回主动性实验操控有效性检验 ANOVA 分析的 p 值

自变量	因变量 = 感知的主动性		
	B 市	C 市	A 市
补偿	0.34	0.14	0.06
召回主动性	0.00	0.00	0.00
补偿 × 召回主动性	0.74	0.90	0.60

资料来源：依据 SPSS 统计结果整理而得。

二、假设检验

由于本章的研究包含感知组织合法性和消费者再次购买意愿两个因变量，而且两个变量之间存在一定的相关关系，因此，首先采用 MANOVA 方法对数据进行分析，分析结果如表 5 – 7 所示。结果显示，在三个地区，补偿和召回主动性的多元主效应均为显著。

表 5 – 7　　　　　三个地区的 MANOVA 分析结果

变量	B 市		C 市		A 市	
	F 值	p 值	F 值	p 值	F 值	p 值
控制变量						
性别	1.22	0.30	2.72	0.33	5.14	0.007
年龄	1.35	0.87	0.74	0.67	3.75	0.026
是否喝果汁	0.24	0.79	0.15	0.86	0.15	0.865
是否听说过召回	0.33	0.72	0.69	0.50	1.37	0.256

续表

变量	B市		C市		A市	
	F值	p值	F值	p值	F值	p值
是否经历过任何召回	0.17	0.85	1.15	0.32	0.26	0.769
自变量						
补偿	4.04	0.02	12.7	0.00	9.54	0.000
召回主动性	18.01	0.00	22.15	0.00	10.68	0.000
补偿×召回主动性	6.3	0.01	6.9	0.01	4.05	0.019

资料来源：依据SPSS统计结果整理而得。

在检测到显著的多元主效应之后，为了能够清楚地了解召回主动性和补偿分别对感知组织合法性和再次购买意愿所产生的影响，还需要进行单元主效应分析。在单元主效应分析中，主动召回组参与者的组织合法性感知高于消极组[A市：主动召回组：均值=4.23，标准差=1.17；消极召回组：均值=3.56，标准差=1.02；$F(1, 154)=14.46$，$p<0.001$]。在B市和C市检测到同样的结果（各组均值见表5-8）。因此，假设5-1得到支持。我们还观察到，对于A市消费者而言，高补偿组的组织合法性感知（均值=4.26，标准差=1.08）显著高于低补偿组的组织合法性感知[均值=3.54，标准差=1.11；$F(1, 154)=18.04$，$p<0.001$]。B市和C市的数据获得的研究结果相同，因此，假设5-3得到了支持。

表5-8　　　　　　　三个地区主效应分析的分组平均数

因变量	自变量		B市	C市	A市
再次购买意愿	补偿	低	2.32	3.04	2.92
		高	3.06	3.60	3.59
	主动性	消极	2.41	3.02	2.78
		主动	3.00	3.57	3.71
感知组织合法性	补偿	低	4.02	4.35	3.54
		高	4.59	4.71	4.26
	主动性	消极	3.73	3.99	3.56
		主动	4.92	4.99	4.23

资料来源：依据SPSS统计结果整理而得。

此外,在主动召回组中,参与者的再次购买意愿高于消极召回组[A市:主动召回组:均值=3.71,标准差=1.56;消极召回组:均值=2.78,标准差=1.30;F(1,154)=16.74,p<0.001]。B市和C市的数据也支持了此结论。因此,假设5-2得到支持。研究结果还显示,A市高补偿组的再次购买意愿(均值=3.59,标准差=1.49)显著高于低补偿组的再次购买意愿[均值=2.92,标准差=1.45;F(1,154)=8.33,p<0.01]。B市和C市的数据得到的结论与此相同。因此,假设5-4得到了支持。

为了检验交互作用假设,需要在召回主动性的不同水平上(消极召回和主动召回)检验补偿的简单主效应。结果表明,当企业进行消极召回时,补偿水平不会影响A市和C市消费者对组织合法性的感知[C市:低补偿:均值=3.75;高补偿:均值=3.96;F(1,89)=3.60,p>0.1;A市:低补偿均值=3.23;高补偿:均值=3.39;F(1,81)=2.14,p>0.1];但在B市,补偿可以提高组织的合法性[低补偿:均值=3.15;高补偿:均值=3.93;F(1,36)=10.86,p<0.05]。当企业主动召回时,补偿水平将显著提高C市和A市消费者的组织合法性感知[C市:低补偿:均值=4.71;高补偿:均值=5.26;F(1,89)=13.23,p<0.05;A市:低补偿:均值=3.53;高补偿:均值=4.74;F(1,81)=1.01,p<0.001];但在B市没有差别[低补偿:均值=4.73;高补偿:均值=4.98;F(1,36)=1.32,p>0.1]。因此,研究结果支持了召回主动性和补偿对消费者组织合法性感知的交互效应假设。双因素理论和公平启发理论都适用于召回情景,A市和C市的实验数据支持双因素理论,而B市的实验数据支持公平启发式理论。三个城市召回主动性和补偿对消费者组织合法性感知的交互效应分别见图5-6(a)、图5-7(a)和图5-8(a)。

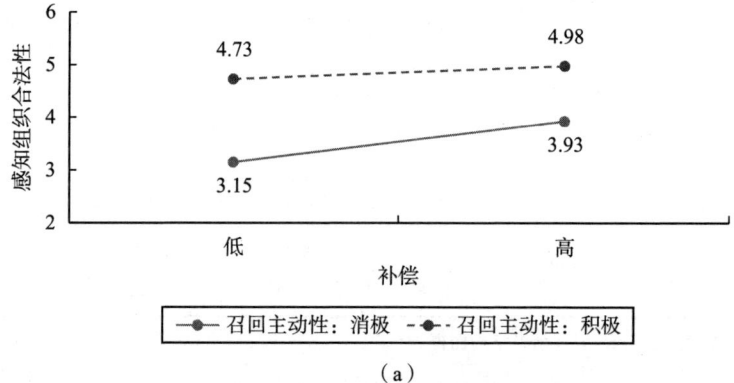

(a)

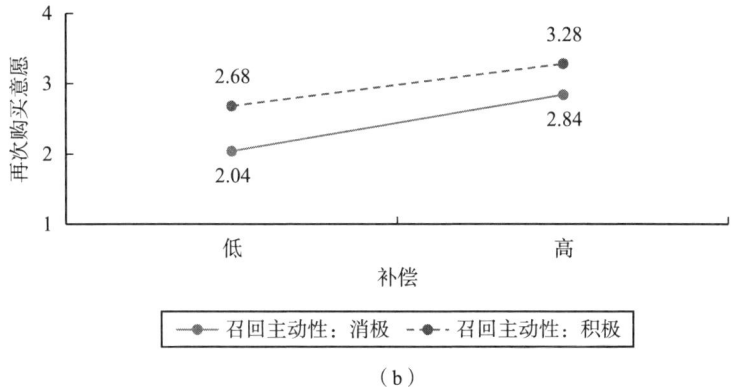

(b)

图 5-6 B 市样本召回主动性和补偿对感知组织合法性和消费者再次购买意愿的交互作用

资料来源：依据 SPSS 统计结果自行绘制。

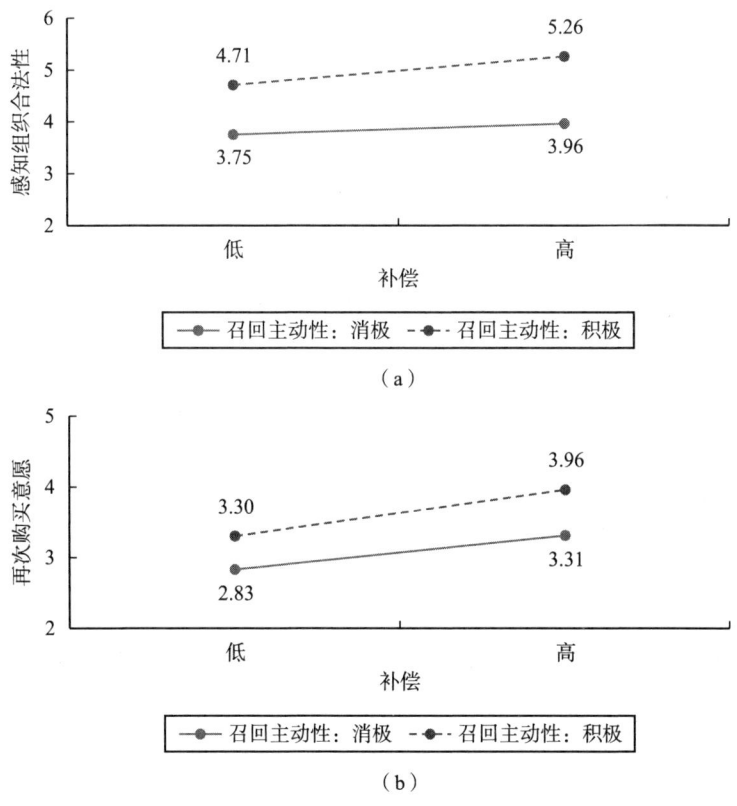

图 5-7 C 市样本召回主动性和补偿对感知组织合法性和消费者再次购买意愿的交互作用

资料来源：依据 SPSS 统计结果自行绘制。

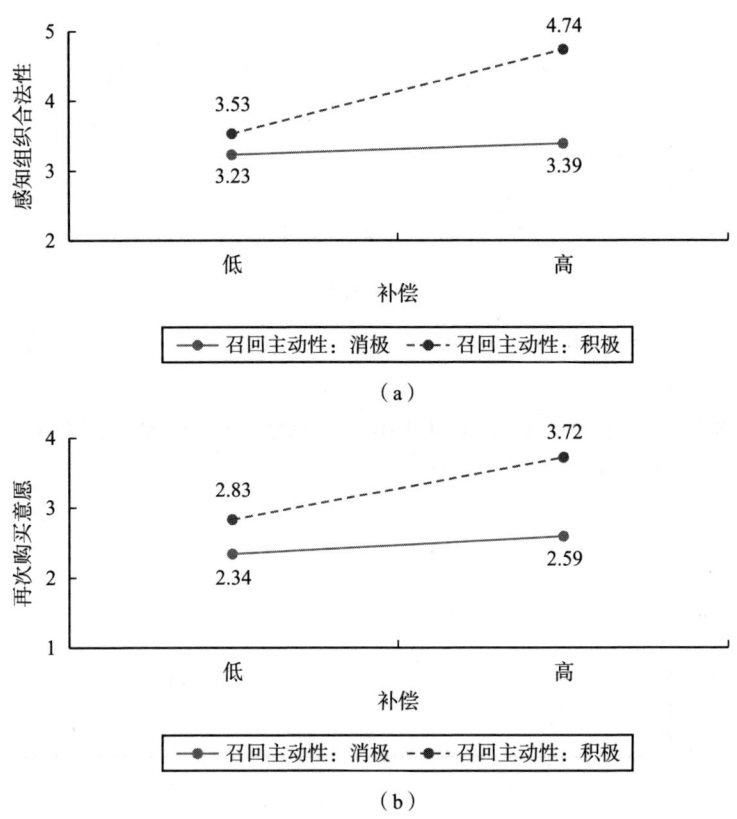

图 5-8 A 市样本召回主动性和补偿对感知组织合法性和消费者再次购买意愿的交互作用
资料来源：依据 SPSS 统计结果自行绘制。

此外，研究结果显示，当企业进行消极召回时，在 C 市和 A 市，补偿水平不会影响购买意愿 [C 市：低补偿：均值 = 2.83；高补偿：均值 = 3.31；$F(1, 89) = 1.01$，$p > 0.1$；A 市：低补偿：均值 = 2.34；高补偿：均值 = 2.59；$F(1, 81) = 2.56$，$p > 0.1$]，然而在 B 市，补偿可增加购买意愿 [低补偿：均值 = 2.04；高补偿：均值 = 2.84；$F(1, 36) = 5.98$，$p < 0.05$]。当企业主动召回时，补偿水平将显著提高样本在 C 市和 A 市的购买意愿 [对于 C 市：低补偿：均值 = 3.30；高补偿：均值 = 3.96；$F(1, 89) = 4.06$，$p < 0.05$；对于 A 市：低补偿：均值 = 2.83；高补偿：均值 = 3.72；$F(1, 81) = 10.32$，$p < 0.005$]；但在 B 市无差别 [低补偿均值 = 2.68；高补偿 = 3.28；$F(1, 36) = 1.73$，$p > 0.1$]。该交互作用与对组织合法性感知的影响结果相似，具体而言，在 C 市和 A 市的实验结论支持双因素理论，而在 B 市的实验结论支持公平启发式理论。

从以上结果可以看出，C 市和 A 市的交互作用模式遵循双因素理论预测的交互作用模式，而 B 市遵循了公平启发式理论预测的交互作用模式。因此，研究假设 5-5 和假设 5-7 得到支持，而假设 5-6 未能得到支持。

此外，本书还按照（Baron and Kenny，1986）提出的三个步骤检验了组织合法性的中介效应，检验结果见表 5-9 和表 5-10。从表 5-9 中，我们可以看到组织合法性在召回积极性与再购买意愿之间的中介效应。B 市和 C 市的检验结果显示了完全的中介效应，而 A 市的检验结果则显示只存在部分中介效应。因此，假设 5-8 在 B 市和 C 市得到完全支持，而在 A 市只得到部分支持。

从表 5-10 中，我们可以看出，在 C 市和 A 市，感知组织合法性在补偿和消费者的再次购买意愿之间起到完全的中介作用，而利用 B 市数据得到的结果却只显示存在部分中介作用。因此，假设 5-9 在 A 市和 C 市的实验中得到完全支持，在 B 市的实验中得到部分支持。

表 5-9　三个城市感知合法性在召回主动性与再次购买购意愿之间的中介效应检验

自变量	B 市			C 市			A 市		
	模型 1	模型 2	模型 3	模型 1	模型 2	模型 3	模型 1	模型 2	模型 3
召回主动性	0.55***	0.27*	0.04$^{n.s}$	0.46***	0.18*	-0.11$^{n.s}$	0.36***	0.31***	0.16*
感知合法性	—	—	0.44***	—	—	0.63***	—	—	0.49***
R^2	0.31***	0.07*	0.21***	0.21***	0.03*	0.35***	0.13***	0.09**	0.31***
ΔR^2	—	—	0.14***	—	—	0.32***	—	—	0.22***

注：模型 1 的因变量为感知合法性，模型 2 和模型 3 的因变量为再次购买意愿。
* 表示在 0.05 水平下显著，** 表示在 0.01 水平下显著，*** 表示在 0.005 水平下显著。
资料来源：依据 SPSS 统计结果整理而得。

表 5-10　三个城市感知组织合法性在补偿与再次购买意愿之间中介效应检验

自变量	B 市			C 市			A 市		
	模型 1	模型 2	模型 3	模型 1	模型 2	模型 3	模型 1	模型 2	模型 3
补偿	0.25*	0.34**	0.24*	0.16*	0.18*	0.09$^{n.s}$	0.30***	0.23***	0.06$^{n.s}$
合法性	—	—	0.40***	—	—	0.57***	—	—	0.52***
R^2	0.06*	0.12***	0.27***	0.03*	0.03*	0.35***	0.09***	0.05**	0.35***
ΔR^2	—	—	0.15***	—	—	0.32***	—	—	0.29***

注：模型 1 的因变量为感知合法性，模型 2 和模型 3 的因变量为再次购买意愿。
* 表示在 0.05 水平下显著，** 表示在 0.01 水平下显著，*** 表示在 0.005 水平下显著。
资料来源：依据 SPSS 统计结果整理而得。

第七节 本章小结

在跨国或跨文化产品伤害危机事件频发的背景下，单一针对某一个地区或国家开展召回策略的研究已经无法有效解决产品伤害危机的应对问题，必须要针对跨文化的产品伤害危机应对策略展开研究。本章以最常采用的召回策略作为关注点，在区分召回策略的召回主动性和补偿两个维度的前提下，以 A 市、B 市和 C 市三地的消费者为研究对象开展跨文化的对比研究。在研究过程中，依据公平理论、组织合法性理论、双因素理论等理论，提出了召回策略对消费者感知组织合法性和再次购买意愿影响的主效应假设、交互效应假设以及感知组织合法性在召回策略和再次购买意愿之间的中介效应假设。

研究结果显示，A 市、B 市和 C 市三地的消费者对企业召回策略的感知和在产品伤害危机事件中的购买意愿确实存在着一定的差异。在三个城市都表现出了显著的主效应影响，即召回主动性和补偿都会显著提高消费者的组织合法性感知和再次购买意愿。但是召回主动性和补偿的交互效应在三个城市显示出了不同的特点。在 A 市和 C 市，交互效应符合双因素理论的预测，即只有当企业能够给消费者提供高补偿的时候，召回主动性才会显著提升感知组织合法性和再次购买意愿；而当提供低补偿时，消费者的感知组织合法性和再次购买意愿不会受到召回主动性的影响。在 B 市检测到的交互效应与 A 市和 C 市的交互效应存在着差异。B 市的消费者更关注产品召回的过程，当企业能够实施主动召回时，消费者就不会关心补偿的高低，也就是说，企业实施主动召回时，消费者感知的组织合法性和再次购买意愿不会受到补偿金额的影响；然而，当企业只进行消极召回时，补偿金额的高低会引起消费者感知组织合法性和再次购买意愿的显著差异。对于中介效应，在三个城市的样本中也检测到了一定的中介效应差异。其中，关于感知组织合法性在召回主动性和再次购买意愿之间的中介效应，B 市和 C 市支持完全中介，而 A 市只支持部分中介效应；关于组织合法性感知在补偿和消费者再次购买意愿之间的中介效应，A 市和 C 市支持完全中介效应，而 B 市只支持部分中介效应。

以上结果显示，文化差异会使得相同的召回策略在不同地区的有效性会呈现一定差异，这也就使得企业管理者必须对不同地区的产品伤害危机事件进行差异化的应对。

第六章　共享经济中产品伤害危机的信任修复策略对消费者行为的影响

第一节　引　言

共享经济的概念虽然早在1978年就被提出，但是直到2010年随着Uber和Airbnb等的出现才引起了社会各界的广泛关注，学术界的研究也是在此之后才出现了快速增长。移动互联网、大数据和人工智能等信息技术的不断成熟，助推了共享经济的快速发展，同时，共享经济的发展也为社会带来了巨大的效益。据《中国共享经济发展年度报告（2019）》的研究结果显示，2018年我国共享经济的市场交易总额为29420亿元；在共享平台就业的人员数达到598万，参与者共享经济的人数约为7.6亿。其中，作为共享出行的典型代表滴滴平台，就解决了1166万网约车司机、近18万代驾师傅、6000名两轮车运维师傅的就业问题，并在产业链上下游带动就业人数超过1.8万。2019年7月，国家信息中心分享经济研究中心在北京发布的《中国共享住宿发展报告2019》也指出共享经济在我国得到了快速发展，连年保持快速增长，2018年同比涨幅达到37.5%，市场交易总量达到165亿元。

共享经济对促进经济繁荣、稳定就业等方面起到了重要的作用。为此，2020年7月15日，国家发改委等13个部委联合发布《关于支持新业态新模式健康发展 激活消费市场带动扩大就业的意见》，明确指出要"鼓励共享出行、餐饮外卖、团购、在线购药、共享住宿、文化旅游等领域产品的智能化升级和商业模式创新，推动'联网+'和大数据、平台经济等迈向新阶段"。

相对于传统模式，共享经济具有产品所有权与使用权分离（资源提供方拥有所有权，买方具有使用权）、共享资源提供者专业性差（多为兼职或业余人员）、共享资源的标准化程度低（多为闲置资源而非标准化程度较高的全新产品）等特点，这使得共享经济中消费者的认知和行为变得更加复杂，传统的信任修复理论和产品伤害危机管理理论并不能完全适用。而信任问题又是在诸如顺风车人命案等产品伤害事件频发的当下必须解决的重要问题，因为如果没有信任，共享平台就失去了发展基础。

近几年对共享经济的研究大多强调了信任在共享经济中的重要作用（Chen et al.，2019；Tussyadiah and Park，2018；Hawlitschek et al.，2018），认为信任会对消费者的共享平台使用意愿和活跃度产生影响（贺明华、梁晓蓓，2018）。

目前关于共享经济中信任问题的研究主要集中于信任机制的构建，以期达到提高消费者信任度的目的。就此话题，赫尔恩等（Huurne et al.，2017）专门进行了文献综述，总结了在共享经济中影响信任的前因变量，而且指出目前关于共享经济中的信任问题的研究仍然较为缺乏，需要学者们在该领域做出更多的努力。在后续的研究中，杨等（Yang et al.，In Press）以 Airbnb 共享住宿平台为研究对象，分别探讨了用户对共享平台和资源提供方信任的影响因素，其中对平台的信任受到安全和隐私、IT 质量和平台特征的影响，而对资源提供方的信任取决于声誉、互动和熟悉度。我国的学者李立威（2019）也提出了共享经济信任构建的"3P + 3I"理论，其中"3P"指共享经济中的三种信任类型，包括对平台信任、用户间的人际信任和用户对产品的信任，"3I"是指构建信任的三种主要机制，即信息、交互和制度。

对于产品伤害危机中信任修复问题的研究，首先要探讨为何需要修复。信任修复源于信任违背事件。产品伤害危机事件就是一种典型的信任违背，它是指偶尔出现但是又被广泛宣传的关于某个产品存在质量缺陷或对消费者造成伤害的事件（Siomkos and Kurzbard，1994）。当发生产品伤害危机事件时，消费者会感知到企业的行为与其正面预期相矛盾，即出现信任违背（青平等，2012），使得消费者对企业的信任度降低，给企业造成负面影响。要扭转局面，就需要进行信任修复。

对于信任修复策略，许多学者从不同的角度提出了不同的分类，包括吉莱斯皮和迪茨（Gillespie and Dietz，2009）提出的约束策略和展示策略，张正林和庄贵军（2010）提出的口头回应和实际行动，但是其中得到广泛认可的是谢和彭（Xie and Peng，2009）提出的情感性修复、功能性修复和信息性修复三种信任修复策略。

对于信任修复策略影响机理的研究，汤姆林森和马耶尔（Tomlinson and Mayer，2009）提出了信任修复归因模型，现有的实证研究大多是以该模型为基础，从归因的角度解释不同的策略所产生的信任修复效果的机理，如赵燕妮和张淑萍（2018）。虽然也有其他学者从认知角度又提出了其他模型，如动态双边模型（Kim et al., 2009）和四阶段模型（Gillespie and Dietz, 2009）。但是，尚未有研究就这些模型进行实证检验。

纵观现有文献，虽然已经有很多研究探讨产品伤害危机管理和信任修复问题，但是这些研究存在一定局限。（1）目前有关产品伤害危机事件中信任修复的研究都是基于传统模式，而非共享经济模式，面对共享经济的新特征，仍然需要进行扩展研究。（2）现有研究都以消费者和企业信息对称为前提假设，认为消费者在产品伤害事件中能够获得与企业完全对等的信息，而现实却并非如此（李燕凌等，2016），消费者往往处于信息劣势地位，只能通过第三方或企业的外在表现来进行判断，因此，以非对称信息为前提的产品伤害危机管理研究尚待开展。（3）虽然很多研究都试图解释产品伤害危机中的信任修复机理，但是大多是以归因理论为基础，这只能解释消费者个人的归因理性行为结果，而现实中，消费者的很多行为都是非理性的，所以，有学者明确指出要从合法性的角度来展开产品伤害危机管理研究（Hu et al., 2017）。因为合法性在解释组织和个体的行为方面具有显著的优势，不但能够解释理性行为，也可以解释非理性行为（Allen and Caillouet, 1994）。（4）虽然合法性在解释消费者的非理性行为方面具有优势，也已经有研究试图从该角度去解释产品伤害危机中消费者的行为，但研究仍较为匮乏，而且这些研究还都是以传统产品伤害危机事件为背景的。以共享经济为背景、从合法性的角度去解释消费者行为和认知的研究有待开展。

为此，本章将以共享经济中的产品伤害危机事件为研究背景，从感知合法性的角度研究共享平台在产品伤害危机事件中的信任修复策略对消费者的感知组织合法性和再次购买意愿的影响机理，并为共享平台提供应对策略选择指导。

第二节 研究假设

在现有的研究中，学者将信任修复策略分为三种，即情感性修复、功能性修复和信息性修复。通过调查发现，对于目前共享经济中发生的产品伤害危机事件，企业通过道歉等情感性修复策略来安抚消费者的情绪几乎已经成为共享平台应对产品伤害事件的必备做法。因此，在本章的研究将不会重点关注情感性修复策略,而是重点研究信息性修复策略和纠正性修复策略所产生的影响。

在非对称信息条件下,消费者在产品伤害危机中处于信息劣势地位,只能通过企业的外在行为表现和所传递的信息来对企业进行判断。共享平台不论采用的纠正性修复策略还是信息性修复策略,都是它们向消费者传递信号的手段之一。通常,共享平台所采用的纠正性修复策略为向消费者提供一定的补偿。依据服务补救的公平理论,当产品伤害危机事件发生时,受害者期望能够获得相应的补偿,并且如果补偿的金额能够与其所受到的伤害相匹配,消费者会认为得到了结果公平。当共享平台提供的补偿达到了消费者对结果公平的预期时,就会对共享平台产生正向评价,感知到较高的合法性。为此,本章提出假设6-1。

假设6-1:在共享经济产品伤害危机事件中,共享平台的纠正性修复策略对消费者感知的组织合法性存在显著正向影响。

除此之外,当消费者感知他们的损失得到了相应的补偿之后,即感知到了结果公平,那么他们的购买意愿也将得到正向刺激。也就是说,共享平台的纠正性修复策略对消费者的再次购买意愿将起到显著的促进作用。为此,本章提出假设6-2。

假设6-2:在共享经济产品伤害危机事件中,共享平台的纠正性修复策略对消费者再次购买意愿存在显著正向影响。

信息性修复是指在产品伤害危机处理过程中适时与外界进行有效的信息沟通,如提供证明证据、澄清事实以及公布危机处理过程中的新动态等(Xie and Peng, 2009)。从信号传递理论来讲,提供信息是共享平台向外界传递信号的一种重要方式。从公平理论角度来讲,在产品伤害危机事件发生过程中,如果能够及时提供各种信息,便可以保证事件处理过程的公正性,即过程公平。也就是说,如果共享平台能够提供证据或公开事件的处理过程,那么就能够满足消费者对过程公平的预期,从而提高消费者对共享平台的合法性感知。为此,本章提出假设6-3。

假设6-3:在共享经济产品伤害危机事件中,共享平台的信息修复策略对消费者感知合法性存在显著正向影响。

与此同时,如果消费者感知到共享平台在处理产品伤害事件的过程公平,那么,他们将更愿意去购买该平台提供的产品或服务。也就是说,共享平台的信息性修复策略对消费者的购买意愿存在显著正向影响。为此,本章提出假设6-4。

假设6-4:在共享经济产品伤害危机事件中,共享平台的信息性修复策略对消费者的再次购买意愿存在显著正向影响。

组织合法性理论认为,如果观察者赋予了组织合法性,那么他们会认为这些组织是更加值得信赖的、更加有价值的(Suchman,1995),因此,他们会更愿意与该组织进行交易。这与消费者行为学的观点十分吻合,即消费者行为会受消费者的情感、认知等影响。也就是说,消费者对企业的态度和认知——感知组织合法性,会在共享平台的修复策略及消费者的再次购买意愿之间存在中介作用。为此,本章提出假设6-5、假设6-6两个关于中介效应的假设。

假设6-5:消费者感知的组织合法性在共享平台的纠正性修复策略与消费者再次购买意愿之间存在显著的中介作用。

假设6-6:消费者感知的组织合法性在共享平台的信息性修复策略与消费者再次购买意愿之间存在显著的中介作用。

图6-1展示了本章要检验的理论模型。

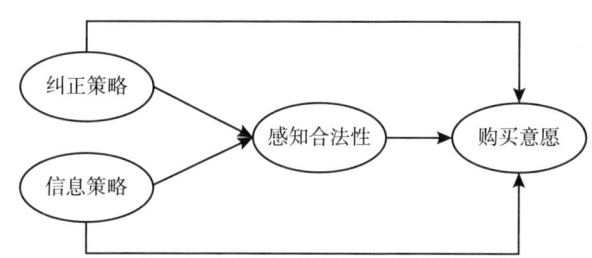

图6-1 共享经济中产品伤害危机应对策略研究模型

资料来源:笔者自制。

第三节 研究设计及数据收集

与本书第四章和第五章相似,为了保证本章所研究变量之间因果关系检验的效度,本章继续采用情景实验的方法展开研究。本章所设计的实验是一个2信息性策略(公开与不公开)×2纠正性策略(补偿高与补偿低)的情景实验。为了增加实验被试者对研究情景的熟悉程度,本章的实验选择了共享住宿平台为研究背景,并选择了曾在新闻媒体上广为报道的针孔摄像头事件为实验情景。此外,采取虚拟品牌名称(AB平台)以消除对实际企业或品牌带来的影响。

实验被试者会首先看到一段背景描述:"AB是一个您经常使用的共享住宿平台。昨晚,您通过AB平台入住了一家民宿,在检查屋内设施的时候发现路由器中安置了针孔摄像头,随后向 AB 平台进行了投诉。"

在这段背景描述之后,就是对纠正性修复策略和信息性修复策略两个自变量的实验操控。因为纠正性修复策略通常以补偿的形式出现,因此在本实验中将纠正性修复策略操作化为补偿的两个不同档次,即高补偿和低补偿,具体如下。

高补偿:承诺会在退回房费的基础之上,额外给予 2 倍房费作为补偿。

低补偿:承诺会退回全部房费,但不会提供额外补偿。

接下来是对信息性修复策略的操控,共分为两个档次,即信息公开与否,具体如下。

公开信息:两天后,您收到了来自 AB 平台有关该事件的调查过程和处理结果的全部信息以及该商家的部分非隐私信息。

不公开信息:两天后,您收到了来自 AB 平台有关该事件的处理结果。

为了保证研究结果的外部可推广性,本章的实验尽可能采用多样化的被试群体,同时将在校本科生与社会消费者作为实验样本。其中,本科生被试者共 97 位,社会群体消费者被试者 83 位,合计 180 个被试样本。

实验情景及问卷的发放,采用问卷星网络平台。利用问卷星当中的随机功能,将不同实验情境在不同被试者当中的随机发放。每一位被试者在打开问卷星的链接之后,首先会读到一段关于研究项目的简要介绍,具体如下。

"请您认真阅读以下情景描述,并假设该情景是您在现实生活中遇到的真实情景,之后据此回答相关问题。完成次问卷大概需要您 10 分钟的时间。此次调查并非强制。在填写问卷的过程中,您可以随时中断。对于您的回答,我们会严格保密,并只会用来做综合分析,并且分析的结果只会用来进行学术研究,不会用作其他任何用途。"

在此之后就是有关实验情景的描述和实验操控部分。在实验操控之后,所有的被试会被要求回答一系列问题,以便进行实验操控有效性检验和研究假设的检验。

关于组织合法性的测量,本章采用阿莱克斯和威金斯(Alexiou and Wiggins, 2018)设计的合法性量表。不同于其他将组织合法性作为一个整体概念的量表(Chung et al., 2018),该量表从务实、道德、认知三个维度分别测量合法性,根据其研究结果,量表具有较好的可信度。该量表共有 12 个题项,其中务实合法性题项 3 个,道德合法性题项 5 个,认知合法性题项 4 个。

关于再次购买意愿的测量,本章采用莫赫尔曼(Mohlmann, 2015)针对共享经济开发的"满意度"量表中"再次选择可能"子量表。由于此量表针对 Airbnb 等真实品牌，因此本章选取了其中部分题项，并做出修改使其更符合虚拟品牌，最终得到 3 个题项。所有题项测量均采用李克特 7 分量表。

第四节 数据分析及假设检验

一、操控有效性检验

（1）对数据进行操控检验。本章将信息性修复策略和纠正性修复策略两种策略作为自变量进行实验操控，因此，本章的操控有效性检验也包括两部分，即分别对两个变量进行检验，检验的结果见表 6-1 和表 6-2。表 6-1 给出了信息性策略和纠正性策略的各组均值；表 6-2 是 MANOVA 分析的 p 值。

（2）信息性修复策略的操控有效性检验。从表 6-1 可知，被试者感知到的平台公开信息比不公开信息更加具有必要性，信息更加充分（不公开组：均值=3.51；公开组：均值=4.18；$p<0.01$）。而且，从表 6-2 可以，消费者感知的信息修复策略只受到信息修复策略操控的影响，不受纠正性修复策略的操控及两个实验操控的交互影响。因此，本章对信息性修复策略的实验操控是有效的。

（3）纠正性修复策略的操控有效性检验。从表 6-1 可知，高补偿组的消费者比低补偿组的消费者感知到的纠正性策略更强（高补偿组：均值=3.52；低补偿组：均值=2.63；$p<0.01$）。而且，从表 6-2 可以，消费者感知的纠正性修复策略只受到信息纠正性修复策略操控的影响，不受信息性修复策略的操控及两个实验操控的交互影响。因此，本章对纠正性修复策略的实验操控是有效的。

表 6-1　　共享经济中产品伤害事件操控有效性检验——组均值

因变量	操控水平	均值
感知信息性修复策略	不公开	3.51
	公开	4.18
感知纠正性修复策略	低补偿	2.63
	高补偿	3.52

资料来源：依据 SPSS 统计结果整理而得。

表6-2　共享经济中产品伤害事件操控有效性检验——MANOVA分析的p值

自变量	因变量	
	感知信息性策略	感知纠正性策略
信息性策略	<0.01	n.s.
纠正性策略	n.s.	<0.01
纠正信息	n.s.	n.s.

资料来源：依据SPSS统计结果整理而得。

二、假设检验

在检验研究假设之前，需要先对测量量表的信度和效度进行检验。本章使用瑞因戈尔等（Ringle et al., 2015）的SmartPLS 3软件和R语言软件包，通过验证性因子分析评估各测量题项与各潜变量之间的关系，发现认知合法性的第一个题项的标准化因子载荷小于0.7，并且与认知合法性的对应关系不符合预期，因此，删除该项并再次进行验证性因子分析。结果显示所有题项的标准化因子载荷均大于0.7，并且与变量的对应关系符合预期，因子载荷及信效度检验见表6-3。

为了检验各构念的可靠性，计算了Cronbach α系数和组合信度CR值。各构念的α系数在0.83~0.89之间，表明数据的可信度很高。各构念的CR值在0.88~0.92之间，这说明各构念之间具有良好的内部一致性。

表6-3　测量模型的信度与效度检验

构念	测量题项		标准化因子载荷	Cronbach α	CR	AVE
感知合法性	务实合法性					
		1	0.89	0.83	0.90	0.75
		2	0.89			
		3	0.82			
	道德合法性					
		1	0.87	0.89	0.92	0.70
		2	0.86			
		3	0.78			
		4	0.78			
		5	0.86			

续表

构念	测量题项	标准化因子载荷	Cronbach α	CR	AVE
感知合法性	认知合法性				
	1	0.89	0.87	0.88	0.70
	2	0.90			
	3	0.71			
再次购买意愿	1	0.89	0.87	0.92	0.80
	2	0.90			
	3	0.90			

资料来源：依据统计结果整理而得。

为了检验数据的收敛效度，计算了因子载荷大小及其显著性和平均方差并提取 AVE 值。各题项的标准化因子载荷在 0.71~0.90 之间，超过了最低可接受标准 0.70。通过 Bootstrap 法（5000 个基于原始样本的子样本）检验结果显示每个题项的标准化因子载荷在 95% 的置信水平上都是显著的。对于每种对应关系，本章构念的 AVE 值均大于 0.60（见表 6-4），高于最低可接受标准 0.50。这表明本章所用的量表具有较好的收敛效度。

对于判别效度的检验，采用了 Fornell 和 Larcker 建议的准则。表 6-4 给出了判别效度检验结果，对角线表示各潜变量的 AVE 开方后的值，其他值表示各潜变量之间的相关性，结果显示，各潜变量之间的相关性均小于 AVE 开方值。此外，为了保证判别效度每个题项对应潜变量的载荷大于对其他变量的载荷，本章中各题项对应潜变量的载荷系数均大于对其他变量的载荷系数。这表明本章所用的量表具有非常好的判别效度。

表 6-4　　　　　　　　　　判别效度检验

构念	务实合法性	认知合法性	再次购买意愿	道德合法性
务实合法性	0.86	—		
认知合法性	0.24	0.84	—	
再次购买意愿	0.18	0.63	0.89	—
道德合法性	0.43	0.54	0.58	0.83

资料来源：依据统计结果整理而得。

鉴于感知组织合法性是多维度构念，因此本章还需要检验感知组织合法性的二阶因子模型。借鉴张等（Zhang et al., 2020）的做法，比较了二阶因子模型与一阶相关、一阶不相关模型的拟合程度指数 χ^2、CFI 和 RMSEA，结果发现二阶因子模型比一阶不相关模型拟合程度更高，和一阶相关模型拟合程度一样好，这说明二阶因子可以很好地复现观测变量之间的协方差。还计算了目标系数相对标准拟合指数和 RMSEA-P 值，结果表明高阶因子可以解释低阶因子的全部协方差。这说明本章中感知组织合法性采用二阶因子模型好于一阶因子模型。

对本章提出的假设，使用偏最小二乘法结构方程模型（PLS-SEM）进行验证，偏最小二乘法结构方程模型适用于无分布特征的数据集（Streukens and Leroiwerelds, 2016）。使用偏最小二乘法结构方程模型是因为在本章中，自变量（两种修复策略）是通过不同的情景设计来操控的，并在数据处理中转化成虚拟的 0-1 变量，每种情境对应一个虚拟变量。此外，本章中包含了多个自变量、中介变量与因变量的关系模型。因此采用偏最小二乘法结构方程模型方法是合适的（Hair et al., 2013）。使用偏最小二乘法结构方程模型时应遵循评估测量模型与结构模型两个步骤，测量模型用于评估各观测指标对潜变量的测量，包括观测指标的可靠性、各变量的信度、结构效度等。结构模型用于评估模型中各潜变量之间的结构关系，在 PLS-SEM 中用到的指标包括路径系数的大小及显著性，R^2 大小，f^2 大小，预测相关性 Q^2 大小等。其中路径系数的显著性需要使用 Bootstrap 法求得（Streukens and Leroiwerelds, 2016）。

图 6-2 是结构模型的路径图，包括了路径系数及其 p 值，使用 300 次迭代的 Bootstrap 法（5000 个基于原始样本的子样本）检验路径系数的显著性。使用 Bootstrap 在 95% 置信水平上计算置信区间（CI）和偏差修正（BC）的置信区间检验直接效应。在本模型中，当路径系数显著时，路径的置信区间及偏差修正的置信区间均不包含 0 值，这意味着路径系数的正负是有实际意义的（Streukens and Leroiwerelds, 2016）。

从图 6-2 的检验结果可知，纠正性修复策略对感知合法性有显著正向影响（路径系数 = 0.34，$p < 0.001$），研究假设 6-1 得到支持；但纠正性修复策略对再次购买意愿的直接影响为负向显著（路径系数 = -0.16，$p < 0.05$），

信息性策略对感知合法性没有显著影响，研究假设 6-2 未能得到支持。
纠正性策略对重购意愿有显著负向影响，研究假设 6-3 未能得到支持。
信息性策略对重购意愿没有显著影响，研究假设 6-4 未能得到支持。

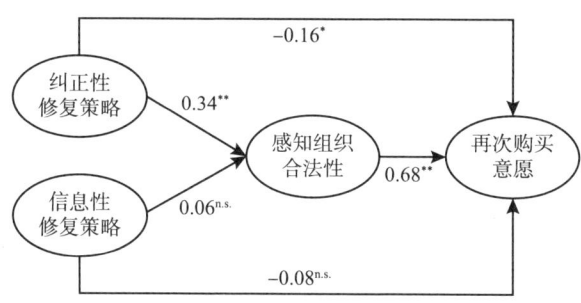

图 6-2 模型路径

注：* 表示在 0.05 水平上显著；** 表示在 0.01 水平上显著。
资料来源：依据 PLS-SEM 的分析结果整理而得。

结构模型质量的评估可以依据 R^2 和 Q^2 的计算结果。R^2 表示结构模型的预测能力，R^2 的最低可接受范围是 0.25（Hair et al.，2017；Sheko and Braimllari，2018），模型对务实合法性、道德合法性、认知合法性和再次购买意愿的预测能力是比较高的，四个变量的 R^2 分别为 0.39、0.85、0.55 和 0.42。此外，本章还计算了构念交叉验证的重叠性，即预测相关性 Q^2，使用软件中的 blindfolding 程序求得，Q^2 小于 0 表示没有预测相关性，大于 0 则具有预测相关性（Hair et al.，2017；Sheko and Braimllari，2018），感知组织合法性的 Q^2 为 0.05，再次购买意愿的 Q^2 为 0.32。综上所述，本章所研究的模型的结构质量是可以接受的。

按照尼茨等（Nitz et al.，2016）提出的检验程序检验了感知组织合法性的中介作用。首先检验通过中介变量（感知组织合法性）的间接效应，然后检验外生变量（修复策略）对内生变量（再次购买意愿）的直接效应（Nitz et al.，2016；Sheko and Braimllari，2018）。使用 Bootstrap 法（95% 置信水平）计算的置信区间和偏差修正的置信区间之间不包含 0 值，因此，假设 6-5 得到支持。

纠正性修复策略对再次购买意愿的间接效应是显著的（b = 0.23，p < 0.001），同时，纠正性修复策略对再次购买意愿的直接效应也是显著的（b = -0.16，p < 0.05），因此，这说明感知组织合法性在纠正性修复策略与再次购买意愿之间起到了显著的中介作用且为部分中介作用。使用 Bootstrap 在 95% 置信水平上计算置信区间和偏差修正的置信区间确定间接效应的大小具有实际意义。

信息性修复策略对再次购买意愿的间接效应是不显著的（b = 0.04，p > 0.1），所以感知合法性在信息性修复策略与再次购买意愿之间并没有起到中介作用，也就是说，假设6-6未能得到支持。

第五节 本章小结

　　共享经济这种新型商业模式的出现，改变了企业的运作模式，也改变了消费者的消费模式。共享经济中企业所提供的产品和服务与传统模式下提供的产品或服务具有明显的差异，如产品所有权与使用权分离、共享资源提供者专业性差、共享资源的标准化程度低等。这些差异使得消费者在使用共享产品或服务时的消费行为和心理也有别于传统产品，为此，本章针对共享经济中的产品伤害危机事件展开研究，探讨在此过程中消费者的态度和行为发生变化的机理。

　　作为共享经济发展的根本，信任是在产品伤害危机事件发生时共享平台必须关注的一个焦点。本章选择两种常用的信任修复策略——纠正性修复策略和信息性修复策略，作为研究的自变量，分析企业采取不同的策略时对消费者的感知组织合法性和再次购买意愿产生的影响。

　　研究结果显示，纠正性修复策略对感知组织合法性具有显著、直接的正向影响，而且可以通过感知组织合法性，对消费者的再次购买意愿产生间接影响。然而，信息性修复策略对消费者的感知组织合法性和再次购买意愿都不会产生显著的影响。

　　与第四章和第五章传统模式下产品伤害危机的研究结果不同，共享经济中的纠正性修复策略对消费者再次购买意愿的直接影响为负向，也即是说，在共享经济中，如果共享平台想通过提供高补偿来赢得消费者的购买意愿是不可取的，必须通过获得消费者的感知组织合法性才能赢得消费者。

第七章 结论与展望

产品伤害危机事件给企业、消费者和社会都带来了巨大的负面影响。从企业的角度来看,产品伤害危机会给企业带来股价下跌、销量降低、声誉玷污甚至企业倒闭等一系列负面效应;对消费者来讲,产品伤害事件会给消费者的生理、心理和经济上造成多方面的损失;从社会的角度来看,由于产品伤害事件的发生可能会造成消费者的恐慌,从而导致整个行业的发展受到负面影响,不但影响了经济社会的增长,也对稳定就业造成了不良影响。因而,频发的产品伤害危机受到了社会各界的关注,包括政府、企业界、消费者和学术界。

之所以产品伤害危机事件会带来如此巨大的负面影响,主要是因为企业尚未得找到有效的应对策略。众多的企业实践也恰恰证实了这一点。本书则立足于解决该问题,探讨在不同的情境下,企业应该如何有效选择产品伤害危机的应对策略,从而保障企业能够得到消费者的认可,也就是获得消费者的感知组织合法性,从而为企业的产品伤害危机事件的发生以及相应的应对策略进行识别,保障企业在危机的情况下仍然能够处于不败之地。

第一节 主要结论

本书的研究主要从三个方面展开。

第一,以传统制造业的产品伤害危机事件为背景,以中国的消费者为主要研究对象,探讨在中国市场上发生产品伤害危机事件之后,企业的应对策略对中国消费者的认知和购买行为产生影响的机理。

第二,在对中国消费者展开传统制造业的产品伤害危机应对策略有效性研究的基础上,考虑到消费者态度与行为受文化差异影响这一因素以及频发的跨文化产品伤害危机事件的发生,本书又选择西方文化背景的 C 市消费者以及兼具东西方文化背景的 B 市的消费者作为与东方文化背景的 A 市消费者进行对比研究的主要对象，展开跨文化的对比研究，分析同一产品伤害危机应对策略（召回），对不同文化背景的消费者的态度和行为产生影响的机理。

第三，近年来，共享经济的发展如火如荼，以共享经济为背景的产品伤害危机事件也频繁出现，但是现有研究仍未涉足共享经济中的产品伤害危机事件的管理研究，鉴于此，本书针对共享经济平台的产品伤害危机应对策略对消费者态度和行为的影响开展了研究。

在研究的过程中，本书共提出了23个研究假设，并分别采用情景脚本实验的方法对假设进行验证。表7-1列出了本书的所有研究假设及检验结果。

表7-1　　　　　　　　　　本书主要研究假设及检验结果

研究背景	研究对象	假设编号	研究假设内容	检验结果
传统制造业产品伤害危机事件	中国消费者	假设4-1	召回主动性→感知组织合法性	支持
		假设4-2	补偿→感知组织合法性	支持
		假设4-3	召回主动性→再次购买意愿	支持
		假设4-4	补偿→再次购买意愿	支持
		假设4-5	召回主动性×补偿→感知组织合法性	支持
		假设4-6	召回主动性×补偿→再次购买意愿	支持
		假设4-7	召回主动性→感知组织合法性→再次购买意愿	部分支持
		假设4-8	补偿→感知组织合法性→再次购买意愿	支持
	分属于境内外的A、B、C三市的消费者	假设5-1	召回主动性→感知组织合法性	支持
		假设5-2	召回主动性→再次购买意愿	支持
		假设5-3	补偿→感知组织合法性	支持
		假设5-4	补偿→再次购买意愿	支持
		假设5-5	C市符合双因素理论预测的交互效应模式	支持
		假设5-6	A市符合公平启发理论的预测	不支持
		假设5-7	B市符合公平启发理论的预测	支持
		假设5-8	召回主动性→感知组织合法性→再次购买意愿	B市和C市完全支持，A市部分支持
		假设5-9	补偿→感知组织合法性→再次购买意愿	A市和C市完全支持，B市部分支持

续表

研究背景	研究对象	假设编号	研究假设内容	检验结果
共享经济中的产品伤害危机事件	中国消费者	假设6-1	纠正性修复策略→感知组织合法性	支持
		假设6-2	纠正性修复策略→再次购买意愿	不支持
		假设6-3	信息性修复策略→感知组织合法性	不支持
		假设6-4	信息性修复策略→再次购买意愿	不支持
		假设6-5	纠正性修复策略→感知组织合法性→再次购买意愿	支持
		假设6-6	信息性修复策略→感知组织合法性→再次购买意愿	不支持

资料来源：笔者自制。

本书通过数据分析，得到的主要结论如下。

针对中国消费者，当发生产品伤害危机事件时，企业的补偿和召回主动性对购买意愿和合法性感知的主效应显著，说明企业应对产品伤害事件的过程和结果对消费者的态度和行为反应都有显著的正向影响，这一结论与服务补救领域的研究结果相一致。对于补偿和召回主动性的交互效应，中国消费者感知的组织合法性和再次购买意愿受到补偿和召回主动性的共同影响，但是只有当企业提供高补偿时，才能够从召回主动性中获得更高的收益，即更高的消费者感知组织合法性和再次购买意愿。然而，当企业提供低补偿时，消费者的感知组织合法性和再次购买意愿不会受到企业召回主动性的影响。此外，在中国市场上，还检测到了感知组织合法性在召回策略（召回主动性和补偿）和消费者再次购买意愿之间的中介效应，结果显示补偿对消费者再次购买意愿的影响需要完全通过感知组织合法性来产生作用，即完全中介效应；而召回主动性对消费者再次购买意愿的影响只有部分通过感知组织合法性来发生作用，即部分中介效应。

对A市、B市、C市三个地区的跨文化对比研究证实了文化差异会导致消费者感知和行为存在一定的差异。研究结果显示，三个地区都检测到补偿和召回主动性对消费者再次购买意愿和感知合法性的显著主效应。然而，对于召回主动性和补偿对消费者再次购买意愿和组织合法性感知的交互作用，三个地区却表现出不同的交互方式。其中，A市和C市的交互效应符合双因素理论的预期，也就是说，A市和C市的消费者会将补偿作为保健因素，将召回主动性作为激励因素，只有当企业提供高补偿时，召回主动性才能够显著提升消费者的感知组织合法性和再次购买意愿。而 B 市消费者与 A 市和 C 市的消费者不同，他们会将企业的召回主动性作为对企业信任判断的主要依据，当企业实施主动召回时，消费者就会信任该企业，从而降低对补偿数量的关注度；而当企业实施消极召回时，消费者就不会信任企业，此时如果企业给予低补偿，那么消费者的感知组织合法性和再次购买意愿就会大大降低，这符合了公平启发理论的预期。对于感知组织合法性的中介效应，三个地区的受试者也表现出了一定的差异，其中，感知组织合法性在召回主动性和消费者再次购买意愿之间的中介效应，B 市和 C 市的结果支持完全中介效应，而 A 市的结果只支持部分中介效应；感知组织合法性在补偿与消费者再次购买意愿之间的中介效应，A 市和 C 市的结果支持完全中介效应，而 B 市的结果却只支持部分中介效应。除了上述主要发现外，研究结果还显示，来自不同地区的消费者对同一召回策略的感知会存在一定的差异，因为在实验操控有效性检验中，我们看到了消费者对同一实验操控的不同感知。这可能是由于不同地区的召回规范和社会习惯使得消费者对企业应如何处理召回抱有不同的期望。

针对共享经济中产品伤害危机事件的研究结果显示，消费者的感知组织合法性和再次购买意愿会受到共享平台的应对措施的影响，但是，只有纠正性修复策略才能够显著影响消费者的感知组织合法性和再次购买意愿，其中对再次购买意愿的影响需要通过感知组织合法性来实现，也就是说，感知组织合法性在纠正性修复策略和消费者再次购买意愿之间起到中介效应。然而，信息性修复策略对消费者的组织合法性感知和再次购买意愿的影响并不显著。

第二节　本书主要创新点

本书主要在以下几个方面形成创新点。

（1）突破现有研究的信息对称假设，在信息非对称的条件下展开产品伤害危机应对策略的研究。产品伤害危机具有明显的信息非对称性，通常消费者对于危机的来源、严重程度等信息的获取都取决于企业信息的公布，因此，消费者处于信息劣势地位，而现有的研究基本都假设消费者对企业在危机事件中的感知和评价是基于完全信息的情况。本书则突破该假设，在非对称信息的背景下，以信号传递理论等为基础展开实验研究。

（2）将合法性作为解释产品伤害危机应对策略对消费者行为产生影响的关键因素。虽然现有研究中已经有很多学者关注企业的产品伤害危机应对策略对消费者行为的影响并致力于解释其中的影响机理，包括从责任归因的视角、从风险感知的视角等，然而，这些研究并不能完全解释消费者的行为。消费者的行为既包括理性行为也包括非理性行为，现有研究只能是单一地解释其中的一种，而未能将所有的行为概括，而本书从合法性的角度展开则可以弥补这一不足，将消费者的理性和非理性行为统一到一项研究中。

（3）细分召回策略的召回主动性和补偿两个维度，并在此基础上展开定量实验研究。现有对于召回策略的研究，大多数是将召回策略作为单一维度来对待，使得研究结果存在一定的矛盾之处。本书经过案例分析和调研发现，实际上企业的召回策略应该有主动性和补偿两个维度。本书的研究是在划分了召回策略的这两个维度的基础上，研究召回策略如何分别通过这两个维度来影响消费者对企业的态度和行为，展开定量的实验研究，弥补现有研究在维度区分上的不足，使研究结果更深入和细致。

（4）针对中国消费者进行产品伤害危机管理研究，弥补现有研究以西方文化为背景的不足。现有的研究基本上都是以西方文化为背景，然而，鉴于中国市场上产品伤害危机频繁爆发，同时中国的消费者在消费行为、文化、认知和消费心理等方面与西方的消费者都存在着显著的差异，使得西方的研究成果并不能完全适用于中国市场。鉴于此，本书以中国的消费者为主要研究对象，以中国市场上的产品伤害危机事件为主要研究背景展开研究，弥补现有研究仅限于西方国家消费者的不足。

（5）展开跨文化的对比研究，弥补现有研究单一文化背景的不足。考虑到消费者认知和购买行为在不同文化下存在着一定的差异，本书选择东方文化背景的 A 市、西方文化背景的 C 市以及介于东西方文化之间的 B 市三个地区的消费者为研究对象进行跨文化的对比研究，打破现有研究局限于单一文化背景的不足，为跨文化的产品伤害危机事件管理提供理论指导。

（6）打破现有研究以传统的产品伤害危机事件为背景的局面，研究共享经济背景下产品伤害危机的应对和管理问题。现有关于产品伤害危机应对策略的研究，仅限于传统制造业中的产品伤害危机事件。随着共享经济的兴起以及在共享经济中产品伤害危机事件的不断增多，急需针对这种新型的商业模式展开产品伤害危机事件管理的研究。本书中的研究就弥补了传统产品伤害管理理论仅局限于制造业的不足，开展了共享经济中产品伤害危机应对策略对消费者感知组织合法性及再次购买意愿影响的研究。

第三节 企业应对产品伤害危机策略选择建议

本书的研究结果不但能够弥补现有关于产品伤害危机应对策略选择研究的一些不足，丰富现有的产品伤害危机管理理论，而且也能够为管理者有效应对产品伤害危机事件提供一定的策略参考。

（1）在传统的产品伤害危机事件中，企业要快速从产品伤害危机事件中恢复过来，就应该在产品伤害危机的应对中从过程和结果两个方面着手，因为消费者的态度和再次购买行为会同时取决于企业处理产品伤害危机的过程和结果。具体来讲，实施产品召回时要从补偿（结果）和召回主动性（过程）两个方面同时采取策略，应该在提供较高补偿的同时，进行主动召回。缺乏其中一个，另一个的效力将打折扣。

（2）消费者对召回企业的态度对消费者再次购买行为起着非常重要的作用。因此，当产品召回发生时，企业应该采取措施安抚消费者，这可以通过提供高补偿和主动召回来实现。

（3）对不同地区的产品伤害危机事件应该采取不同的应对策略，这是因为不同地区的消费者在对企业应对策略的认知和购买行为方面存在着差异。具体来讲，A市和C市的消费者更看重结果，即企业提供补偿的数量；而B市的消费者则更看重过程，即企业是否主动召回产品。因此，企业要想快速摆脱产品伤害危机事件所带来的负面影响，就必须针对不同地区的消费者采取有效的应对措施。

（4）对于共享经济背景下所发生的产品伤害危机事件，共享平台可以通过提供一定的补偿来改善消费者对共享平台的认知和提升消费者的再次购买意愿，然而信息性策略，即及时公开信息，并不能够帮助挽回消费者对企业的评价和他们的再次购买意愿。这可能是因为消费者会认为信息的公开只是象征性的应对策略，而非实质性的应对策略；相反，提供补偿是在经济上的一种实质性补偿，能够对共享平台产生一定的惩罚作用，也能够体现共享平台维护消费者利益的决心。这与组织合法性理论中将组织合法性维护策略划分为象征性策略和实质性策略相一致。

第四节 研究局限及展望

虽然本书在产品伤害危机的有效应对方面取得了一定的成果,然而仍然存在着一定的研究局限,这些研究局限也为未来的后续研究提供了方向。

(1) 本书采用情境脚本实验的方法对研究假设进行验证。其中第四章和第五章的研究被试者仅限于学生,虽然学生群体在样本的单一性上能够有利于因果关系的检验,然而,研究结果的外部效度存在一定的局限,学生作为一个特殊的消费者群体,在购买心理和行为方面与普通的消费者存在一定的差异,因而,本书研究结果可能无法推广于普通的消费者。为此,在后续的研究中可以扩大样本群体范围,选择更多的样本群体作为被试,如不同年龄层次、不同经济收入、不同家庭结构等的消费者,增加研究结果的外部效度。

(2) 本书在研究背景的设计方面存在着一定的局限,在传统的产品伤害危机应对策略的研究中,主要以果汁产品为背景。然而,不同行业的产品伤害危机事件存在着一定的差异,例如,果汁产品具有价值低的特点,因此,消费者对果汁产品的消费心理与行为会与高价值产品(如汽车)的消费心理和行为明显不同。因此,本书的研究结果可能无法有效推广于其他行业的产品伤害危机事件的管理中。未来应该针对更多行业的产品设计实验,提高研究结果的稳健性和可推广性。

(3) 本书对共享经济中产品伤害危机事件的研究,只是以共享住宿为背景,对其他的共享产品并没有涉及,因此,该研究结果的可推广性也存在着一定的局限。未来可以针对共享经济中的更多产品如共享单车、顺风车等展开研究的设计,提升研究结果的可推广性。

(4) 在传统产品伤害危机事件中,本书只是以最常用的召回作为主要的应对策略来展开,但对于产品伤害危机的应对策略并非只有召回这一种,还有沟通策略及其他策略。因此未来还可以针对其他的应对策略展开研究,探讨其他策略对消费者的认知和行为产生的影响,以及不同策略之间的交互效应的影响。

(5) 对共享经济中的信任修复模式,本书只关注了纠正性策略和信息性策略,实际上信任修复策略还包括情感策略及其他策略,但是本书并未对此进行探讨。未来可以针对共享经济中的产品伤害危机事件,从纠正性、信息性、情感性策略三个方面着手,研究应对策略对消费者的认知和行为产生的影响。

附录1 第四章测量量表

构念	测量题项
召回主动性	你认为ABC公司处理召回事宜如何？ 非常及时————————非常不及时 非常被动————————非常主动
补偿	你觉得ABC公司的赔偿怎么样？ 小————————大
再次购买意愿	你将来会从ABC公司购买橙汁吗？ 极不可能————————极有可能 非常倾向于不会————————非常倾向于会 当然不会————————当然会
感知组织合法性	ABC公司处理受污染橙汁的方法是合理的
	ABC公司处理受污染橙汁的方式是公平的
	ABC公司的管理者很体贴消费者
	ABC公司有很强的责任感
	ABC公司是一个诚实的组织
	ABC公司的赔偿是合理的
	ABC公司的赔偿是公平的
	我明白ABC公司为什么要这样赔偿消费者的损失
	我明白ABC公司为什么会以这样的速度来对内部检查结果进行反应
	ABC公司想召回受污染的橙汁饮料产品的原因是可以理解的
	ABC公司召回受污染橙汁的方式在业内很常见
	ABC公司补偿消费者的方式在业内很常见

附录2 第六章测量量表

操控检验		
情感性策略	你如何看待AB平台在此次事件中对你表达的态度？ 非常不负责————————非常负责 非常不诚恳————————非常诚恳 非常缺乏善意————————非常具有善意	
信息性策略	你如何看待AB平台向你公布的信息？ 非常不充分————————非常充分 非常不必要————————非常必要	
纠正性策略	你如何看待AB平台向你提供的赔偿？ 非常低————————非常高 非常不充分————————非常充分	

感知合法性		
务实合法性		
1	总的来说，AB平台为其利益相关者创造了价值	
2	AB平台的政策符合其利益相关者的利益	
3	我相信AB平台的活动使他们的直接利益相关者受益	
道德合法性		
1	公众将认可AB平台的政策和程序	
2	大多数人会认为AB平台的做法是道德的	
3	AB平台的运作方式促进了共同利益	
4	AB平台关心其是否达到行业领域内可被接受的道德行为标准	
5	AB平台的政策看起来是适当的	
认知合法性		
1	我认为AB平台的存在是必要的	
2	通常，AB平台提供了我所需要的必要功能	
3	如果没有AB平台，这个世界将是难以想象的	

续表

再次信任倾向	
1	我相信 AB 平台提供的服务将按照预期履行
2	我相信 AB 平台可以提供足够的保护措施,以在我遭受无妄之灾时保护我
3	AB 平台提供了稳定而安全的服务使用环境
4	总体而言,AB 共享平台是值得信赖的
再次购买意愿	
1	下次我仍可能会选择 AB 平台或类似的共享服务
2	将来需要住宿时,我更喜欢共享住宿,如 AB 平台,而非传统住宿
3	将来,我仍可能会选择 AB 平台之类的共享服务,而非传统的服务

参 考 文 献

[1] 安联. 产品召回风险的规模和数量均在加大, 技术催生新风险因子 [J]. 上海保险, 2018 (1).

[2] 安宁宁, 陈建伟, 杨恩燕. 基于双因素理论服装网络消费满意度的研究 [J]. 青岛大学学报 (工程技术版), 2012 (4).

[3] 白云杰, 邢丘丹. 服务补救理论在网上银行顾客信息安全管理中的应用 [J]. 科学与管理, 2015 (5).

[4] 曹问, 陈茂直. 双因素理论与中国高校绩效工资改革 [J]. 重庆大学学报 (社会科学版), 2014 (20).

[5] 陈劲, 李庆文. 基于双因素理论的零售企业服务补救策略研究 [J]. 时代金融, 2011 (6).

[6] 陈可, 涂荣庭. 服务补救效果的双期望理论: 动态的视角 [J]. 管理评论, 2009 (1).

[7] 陈锟, 彭怡, 寇纲等. 产品伤害危机的营销补救策略优化 [J]. 系统工程理论与实践, 2012 (5).

[8] 崔保军. 群发性产品伤害危机对广义信任水平的影响研究 [J]. 管理学报, 2016 (7).

[9] 崔航. 基于双因素理论的大学生终身体育意识激励研究 [D]. 吉林大学硕士学位论文, 2019.

[10] 戴宾, 苏洋洋. 考虑产品召回的供应链保险合约与订货决策 [J]. 系统工程, 2017 (10).

[11] 戴鑫, 荆美星, 邓雪芬, 田志龙. 企业危机情境下的合法性策略及其效应研究 [J]. 管理学报, 2010 (10).

[12] 董国莉. 服务补救文献综述 [J]. 现代商业, 2007 (14).

[13] 杜建刚, 范秀成. 服务失败情境下顾客损失、情绪对补救预期和顾客抱怨倾向的影响 [J]. 南开管理评论, 2007 (6).

[14] 杜金玲, 郭凯, 李金锦. 中美消费者购车行为差异分析 [J]. 汽车纵横, 2014 (11).

[15] 杜运周, 张玉利, 任兵. 展现还是隐藏竞争优势: 新企业竞争者导向与绩效 U 型关系及组织合法性的中介作用 [J]. 管理世界, 2012 (7).

[16] 段立军. 基于双因素理论谈高校体育教学效果的提升 [J]. 内蒙古师范大学学报 (教育科学版), 2015 (5).

[17] 范春梅, 叶登楠, 李华强. 产品伤害危机中消费者应对行为的形成机制研究——基于 PADM 理论视角的扎根分析 [J]. 管理评论, 2019 (8).

[18] 范建昌, 倪得兵, 唐小我. 产品责任、责令召回与供应链中的产品质量选择 [J]. 管理工程学报, 2018 (4).

[19] 范培华, 吴昀桥. 信号传递理论研究述评和未来展望 [J]. 上海管理科学, 2016 (3).

[20] 方正, 江明华, 杨洋等. 产品伤害危机应对策略对品牌资产的影响研究——企业声誉与危机类型的调节作用 [J]. 管理世界, 2010 (12).

[21] 方正, 江明华, 杨洋, 李蔚. 产品伤害危机应对策略对品牌资产的影响研究——企业声誉与危机类型的调节作用 [J]. 管理世界, 2010 (12).

[22] 方正, 杨洋, 江明华等. 可辩解型产品伤害危机应对策略对品牌资产的影响研究: 调节变量和中介变量的作用 [J]. 南开管理评论, 2011 (4).

[23] 方正, 杨洋, 李蔚等. 产品伤害危机溢出效应的发生条件和应对策略研究——预判和应对其它品牌引发的产品伤害危机 [J]. 南开管理评论, 2013 (6).

[24] 冯慧群, 马连福. 董事会特征、CEO 权力与现金股利政策——基于中国上市公司的实证研究 [J]. 管理评论, 2013 (11).

[25] 冯俊, 崔正, 周晓娟. 基于双因素理论的顾客激励与顾客保健研究——以餐饮企业为例 [J]. 企业活力, 2009 (10).

[26] 韩冰, 王良燕, 余明阳. 社会阶层与品牌危机类型对品牌评价及购买意愿的影响探究 [J]. 管理评论, 2018 (2).

[27] 韩亚品. 产品伤害危机中消费者信任修复策略研究 [D]. 哈尔滨工业大学博士学位论文, 2014.

[28] 韩亚品, 胡珑瑛. 信息传播对产品伤害危机下消费者信任修复影响机制研究 [J]. 情报学报, 2013 (11).

[29] [美] 赫茨伯格. 赫茨伯格的双因素理论 [M]. 张湛, 译. 北京: 中国人民大学出版社, 2009.

[30] 贺明华, 梁晓蓓. 共享经济模式下平台及服务提供方的声誉对消费者持续使用意愿的影响——基于滴滴出行平台的实证研究 [J]. 经济体制改革, 2018 (2).

[31] 侯琳琳, 邱菀华. 基于信号传递博弈的供应链需求信息共享机制 [J]. 控制与决策, 2007 (12).

[32] 胡海菊, 李勇建. 考虑再制造和产品需求可替代的短生命周期产品动态批量生产计划问题 [J]. 系统工程理论与实践, 2007 (12).

[33] 姜春艳. 基于双因素理论的战略性薪酬管理探析 [J]. 洛阳理工学院学报(社会科学版), 2015 (1).

[34] 靳明, 赵敏, 杨波等. 食品安全事件影响下的消费替代意愿分析——以肯德基食品安全事件为例 [J]. 中国农村经济, 2015 (12).

[35] 井淼, 周颖, 王方华. 产品伤害危机对品牌资产影响的实证研究 [J]. 工业工程与管理, 2009 (6).

[36] 井淼, 周颖. 产品伤害危机中危机反应策略对品牌资产的影响——基于企业社会责任的视角 [J]. 工业工程与管理, 2013 (2).

[37] 李斌. 基于双因素理论的青秀区乡镇公务员激励机制研究 [D]. 广西大学硕士学位论文, 2013.

[38] 李立威. 分享经济中多层信任的构建机制研究——基于Airbnb和小猪短租的案例分析 [J]. 电子政务, 2019 (2).

[39] 李瑞强. 双因素激励理论在企业薪酬管理中的应用 [J]. 经营管理者, 2015 (5).

[40] 李燕凌, 苏青松, 王珺. 多方博弈视角下动物疫情公共危机的社会信任修复策略 [J]. 管理评论, 2016 (8).

[41] 李英, 杨科. 汽车产品伤害危机中车主维权行为的影响因素——基于论坛帖子的扎根研究 [J]. 管理学报, 2016 (8).

[42] 李正, 官峰, 郑碎环, 李增泉. 中国产品召回事件的经济后果研究——以食品和药品召回事件为例 [J]. 会计研究, 2016 (11).

[43] 梁婧. 基于双因素理论的国有企业薪酬管理 [J]. 山西财经大学学报, 2012 (S2).

[44] 梁宇海, 李耀斌, 雷玉秀. 双因素理论在医院人力资源管理中的应用 [J]. 现代医院, 2007 (12).

[45] 刘百灵, 夏惠敏, 李延晖, 梁丽婷. 保健和激励双因素视角下影响移动支付意愿的实证研究 [J]. 管理学报, 2017 (4).

[46] 刘书庆，李平. 产品质量危机管理对策实证研究 [J]. 工业工程与管理，2013（4）.

[47] 刘书庆，刘杰. 采购过程质量危机预防与预警模型研究 [J]. 工业工程与管理，2014（5）.

[48] 刘小会. 双因素理论在乡镇教师队伍管理中的应用 [J]. 黑龙江教育（理论与实践），2019（3）.

[49] 刘学勇，熊中楷，熊榆. 线性需求下的产品召回成本分担和质量激励 [J]. 系统工程理论与实践，2012（7）.

[50] 龙立荣. 公正的启发理论述评 [J]. 心理科学进展，2004（2）.

[51] 马宝龙，李飞，王高，等. 产品伤害危机对品牌绩效指标的影响研究——基于随机模型方法的实证分析 [J]. 预测，2010（4）.

[52] 马妮莎. 基于双因素理论的我国公务员激励机制探究 [D]. 郑州大学硕士学位论文，2010.

[53] 苗志娟. 双因素理论在零售企业顾客满意度管理中的应用 [J]. 陕西科技大学学报，2010（28）.

[54] 倪慧珏. "双因素"理论与顾客满意 [J]. 商业研究，2002（20）.

[55] 潘佳，刘益，王良. 企业产品伤害危机响应策略对股票市场的影响 [J]. 管理学报，2014（11）.

[56] 青平，胡武阳，冯娇娇，等. 产品伤害危机事件后补救策略效果分析——以乳制品为例 [J]. 农业经济问题，2013（12）.

[57] 青平，李慧超，江雪莹，等. 产品伤害危机背景下消费者网络逆向传播行为机制研究——以农产品为例 [J]. 农业经济问题，2014（12）.

[58] 青平，陶蕊，严潇潇. 农产品伤害危机后消费者信任修复策略研究——基于乳制品行业的实证分析 [J]. 农业经济问题，2012（10）.

[59] 青平，张莹，涂铭，等. 农产品品牌危机对消费者负面信息传播影响的实验研究 [J]. 中国农村经济，2015（6）.

[60] 青平，张莹，涂铭，等. 网络意见领袖动员方式对网络集群行为参与的影响研究——基于产品伤害危机背景下的实验研究 [J]. 管理世界，2016（7）.

[61] 青平，朱信凯，李万君，等. 产品伤害危机对竞争品牌的外溢效应分析——以农产品为例 [J]. 中国农村经济，2013（2）.

[62] 冉雅璇，卫海英. 互动仪式链视角下品牌危机应对的多案例研究 [J]. 管理学报，2016（5）.

[63] 任金中,景奉杰. 产品伤害危机模糊情境下危机响应调节匹配对宽恕的影响 [J]. 管理学报, 2015 (4).

[64] 桑辉,井淼. 产品伤害危机中的消费者感知危害及其影响 [J]. 工业工程与管理, 2012 (6).

[65] 苏胜强,谷永春. "双因素"理论在顾客满意中的应用 [J]. 商业研究, 2006 (22).

[66] 孙多勇,朱仁琦. 赫茨伯格双因素理论在公共领域的有效性检验 [J]. 求索, 2016 (9).

[67] 孙华梅,张晨珑. 危机企业网络互动对信任修复效果影响研究 [J]. 运筹与管理, 2017 (3).

[68] 孙乃娟,郭国庆. 群发性危机背景下服务补救的宽恕效果研究——危机性质和解释水平的调节 [J]. 管理学刊, 2019 (6).

[69] 孙乃娟,孙育新. 服务补救、移情与消费者宽恕：归因理论视角下的模型建构及实证 [J]. 预测, 2017 (5).

[70] 孙莹,杜建刚,李文忠,等. 产品召回中的负面情绪和感知风险对消费者购买意愿的影响——基于汽车产品召回的实证研究 [J]. 管理评论, 2014 (2).

[71] 陶红,卫海英. 抢雷策略对品牌危机修复效果的影响研究——品牌危机类型、品牌声誉的调节作用 [J]. 南开管理评论, 2016 (3).

[72] 涂铭,景奉杰,汪兴东. 产品伤害危机中的负面情绪对消费者应对行为的影响研究 [J]. 管理学报, 2013 (12).

[73] 汪兴东,景奉杰,涂铭. 产品伤害事件中顾客反应的形成机制——基于门户网站帖子的扎根研究 [J]. 管理评论, 2013 (9).

[74] 汪兴东,景奉杰,涂铭. 产品伤害中不同忠诚度顾客情绪反应及行为意向的差异性研究 [J]. 管理评论, 2013 (1).

[75] 汪兴东,景奉杰. 产品伤害中网络与企业响应对购买意愿的影响 [J]. 工业工程与管理, 2011 (5).

[76] 王荻,陈巍. 几种激励理论在薪酬管理中的应用 [J]. 商业研究, 2005 (24).

[77] 王冬,张晓丽. 基于双因素理论的病人满意分析及营造 [J]. 中国卫生事业管理, 2012 (10).

[78] 王汉瑛,田虹,邢红卫. 企业会为名所累吗？——基于转基因产品伤害危机中消费者报复行为的研究 [J]. 管理评论, 2018 (12).

[79] 王红丽, 陈苗. 共享经济中信任对约车出行意愿的影响机制——基于案例研究的定量分析 [J]. 管理案例研究与评论, 2017 (6).

[80] 王静, 张天西, 郝东洋. 发放现金股利的公司具有更高盈余质量吗?——基于信号传递理论新视角的检验 [J]. 管理评论, 2014 (4).

[81] 王静静等. "激励-保健双因素理论"在消化内科护士管理中的效果评估 [J]. 中医药管理杂志, 2019 (14).

[82] 王丽丽, 吕巍, 练叔凡. 基于品牌忠诚度的产品危机中责任归因影响研究 [J]. 工业工程与管理, 2009 (5).

[83] 王蓉, 王平, 李锐. 论双因素理论在高校科研团队管理中的应用 [J]. 科技管理研究, 2010 (3).

[84] 王淑曼. 双因素理论在医院护理人员激励中的运用 [J]. 河南大学学报（医学版）, 2014 (2).

[85] 王肖婧, 曹蓉, 刘文瑞. 评赫茨伯格双因素理论——兼论实证研究在管理研究中的局限 [J]. 管理学报, 2018 (11).

[86] 王晓玉, 晁钢令, 吴纪元. 产品伤害危机及其处理过程对消费者考虑集的影响 [J]. 管理世界, 2006 (5).

[87] 王雪芳, 张红霞. 全行业危机下沟通策略的选择与消费者信任重建 [J]. 管理学报, 2017 (9).

[88] 王运周. 产品伤害危机下企业应对策略对消费者购买意愿的影响 [D]. 南京财经大学硕士论文, 2017.

[89] 王增民, 胡伟, 潘煜. 服务补救理论综述及运作策略探讨 [J]. 管理现代化, 2014 (4).

[90] 卫海英, 李清, 杨德锋. 品牌危机中社会关系冲突的动态演化机理——基于解释学的研究 [J]. 中国工业经济, 2015 (11).

[91] 魏玖长, 欧阳哲, 赵定涛. 产品伤害危机下企业声誉对消费者满意度及公民行为影响的实证研究 [J]. 东南大学学报（哲学社会科学版）, 2016 (1).

[92] 巫小波, 姜肇财, 宋黎, 等. 召回舆情特征分析及应用策略: 大数据时代企业应对召回事件处理手册 [M]. 北京: 中国标准出版社, 2019.

[93] 吴剑琳. 网络环境下产品伤害危机对消费者品牌态度的影响研究——基于可接近-可诊断理论 [J]. 管理评论, 2017 (29).

[94] 吴思. 产品伤害危机: 伤害类型、应对方式及营销策略 [J]. 管理世界, 2011 (9).

[95] 伍李春, 胡笑旋. 一种基于双因素激励理论的两阶段招生名额分配方法 [J]. 合肥工业大学学报（自然科学版）, 2017 (11).

[96] 肖影. 双因素理论在肿瘤科护理管理中的应用分析 [J]. 当代医学, 2015 (29).

[97] 徐彪, 张媛媛, 张珣. 负面事件后消费者信任受损及其外溢机理研究 [J]. 管理科学, 2014 (2).

[98] 鄢章华, 李倩, 刘蕾. 基于双因素理论的顾客满意度测量与提升研究 [J]. 计算机集成制造系统, 2020 (1).

[99] 阎俊, 胡少龙, 常亚平. 基于公平视角的网络环境下服务补救对顾客忠诚的作用机理研究 [J]. 管理学报, 2013 (10).

[100] 杨东进, 冯超阳. 保健因素主导、激励因素缺失：现象、成因及启示——基于"80后"员工组织激励的实证研究 [J]. 管理工程学报, 2016 (2).

[101] 杨俊卿, 于丽贤. 赫兹伯格双因素激励理论与企业管理 [J]. 辽宁师范大学学报（自然科学版）, 2004 (3).

[102] 袁勇志, 奚国泉. 期望理论述评 [J]. 南京理工大学学报：社会科学版, 2000 (3).

[103] 张蓓. 美国食品召回的现状、特征与机制——以 1995~2014 年 1217 例肉类和家禽产品召回事件为例 [J]. 中国农村经济, 2015 (11).

[104] 张丽君, 苏萌. 新产品预先发布对消费者购买倾向的影响：基于消费者视角的研究 [J]. 南开管理评论, 2010 (4).

[105] 张文娟. 基于双因素理论对行政事业单位会计人员激励问题研究 [J]. 经济研究参考, 2015 (59).

[106] 张晓田. 基于双因素理论的医院人力资源管理激励 [J]. 经济师, 2020 (2).

[107] 张新, 马良, 王高山. 服务补救环境下感知公平对重购意向的影响 [J]. 商业研究, 2016 (10).

[108] 张音, 黄敏学, 郑海东. 社会公众对产品召回的反应机制研究——基于混合方法的模型构建 [J]. 管理评论, 2014 (5).

[109] 张音, 黄敏学. 产品召回为何"弄巧成拙"——企业利益相关者的交互满意影响机制探究 [J]. 经济与管理研究, 2012 (4).

[110] 赵宝春, 钟立文. 外源性产品伤害危机中企业"知情与否"对消费者购买意愿的影响：感知风险的中介效应 [J]. 工业工程与管理, 2016

(5).

[111] 朱立龙, 尤建新. 非对称信息供应链质量信号传递博弈分析 [J]. 中国管理科学, 2011 (1).

[112] 宗威, 吴锋, 马超. 基于双因素理论的 ERP 实施成功认知差异研究 [J]. 工业工程与管理, 2013 (5).

[113] 叶天然. 汽车产品伤害危机对消费者购买意愿的影响研究——基于消费者感知视角 [D]. 中国科学技术大学硕士学位论文, 2018.

[114] 于琳君. 基于双因素理论的乡镇公务员激励问题研究 [D]. 山东师范大学硕士学位论文, 2018.

[115] 赵冬玲. 基于双因素理论的电子商务顾客满意度模型研究 [D]. 重庆工商大学硕士学位论文, 2009.

[116] 周三多. 管理学 [M]. 北京: 高等教育出版社, 2005.

[117] 祝瑶. 产品伤害危机对消费者情感反应及补救预期的影响研究 [D]. 华中科技大学硕士学位论文, 2010.

[118] Adams J S. Inequity in social exchange [J]. Advances in Experimental Social Psychology, 1965, 2 (4).

[119] Ashforth B E, Gibbs B W. The double-edge of organizational legitimation [J]. Organization Science, 1990, 1 (2).

[120] Bakar A, Zakiah S. Relationship between distributive justice, procedural justice, and satisfaction after service recovery [R]. Malaysia: Universiti Utara Malaysia, 2018.

[121] Barakat L L, Ramsey J R, Lorenz M P et al. Severe service failure recovery revisited: Evidence of its determinants in an emerging market context [J]. International Journal of Research in Marketing, 2015, 32 (1).

[122] Baron R M, Kenny D A. The moderator-mediator variable distinction in social psychological research: conceptual, strategic, and statistical considerations [J]. Journal of personality and social psychology, 1986, 51 (6).

[123] Basdeo D K, Smith K G, Grimm C M, Rindova V P, Derfus P J. The impact of market actions on firm reputation [J]. Strategic Management Journal, 2006, 27 (12).

[124] Birgelen M, Ruyter K, Jong A, Wetzels M. Customer evaluations of after-sales service contact modes: An empirical analysis of national culture's consequences [J]. International Journal of Research in Marketing, 2002, 19 (1).

[125] Bitner M J, BoomsB H, Tetreault M S. The service encounter: Diagnosing favorable and unfavorable incidents [J]. Journal of Marketing, 1990, 54 (1).

[126] Blodgett J G, Hill D J, Tax S S. The effects of distributive, procedural, and interactional justice on post-complaint behavior [J]. Journal of Retailing, 1997, 73 (2).

[127] Boulding W, Kalra A, Staelin R, Zeithaml V A. A dynamic process model of service quality: From expectations to behavioral intentions [J]. Journal of Marketing Research, 1993, 30 (1).

[128] Boyd J. Actional legitimation: No crisis necessary [J]. Journal of Public Relations Research, 2000, 12 (4).

[129] Brockner J, Wiesenfeld B M. An integrative framework for explaining reactions to Decisions: Interactive effects of outcomes and procedures [J]. Psychological Bulletin. 1996, 2 (120).

[130] Certo S T, Hodge F. Top management team prestige and organizational legitimacy: An examination of investor perceptions [J]. Journal of Managerial Issues, 2007, 19 (4).

[131] Chang H H, Lai M K, Hsu C H. Recovery of online service: Perceived justice and transaction frequency [J]. Computers in Human Behavior, 2012, 28 (6).

[132] Cheah E T, Chan W L, Chieng C L L. The corporate social responsibility of pharmaceutical product recalls: An empirical examination of U.S. and U.K. markets [J]. Journal of Business Ethics, 2007, 76 (4).

[133] Chen H M, Hu H J, Yang M. Examining the cause of the bullwhip effect: A study of the Qinhuangdao Port's coal supply chain [J]. International Journal of Manufacturing Technology and Management, 2018, 4 (32).

[134] Chen H A, Ng S, Rao A R. Cultural differences in consumer impatience [J]. Journal of Marketing Research, 2005, 42 (3).

[135] Chen K. Factors affecting job satisfaction public sector employees in Taiwan [D]. Taiwan: Nova Southeast University, 2005.

[136] Chen Y, Ganesan S, Liu Y. Does a firm's product-recall strategy affect its financial value? An examination of strategic alternatives during product-harm crises [J]. Journal of Marketing, 2009, 73 (6).

[137] Cheng X, Fu S, Sun J, Bilgihan A, Okumus F. An investigation on

online reviews in sharing economy driven hospitality platforms: A viewpoint of trust [J]. Tourism Management, 2019, 71.

[138] Cheryl S A, Henry J B. The use of vignettes in survey research [J]. The Public Opinion Quarterly, 1978, 42 (1).

[139] Choi B, Choi B J. The effects of perceived service recovery justice on customer affection, loyalty, and word-of-mouth [J]. European Journal of Marketing, 2014, 48 (1/2).

[140] Cleeren K, Dekimpe M G, Heerde H J. Marketing research on product-harm crises: A review, managerial implications, and an agenda for future research [J]. Journal of the Academy of Marketing Science, 2017, 45 (5).

[141] Clemmer E C. An investigation into the relationships of justice and customer satisfaction with services, justice in the workplace: Approaching fairness in human resources management [M]. Hillsdale, New York: Erlbaum, 1993.

[142] Connelly B L, Certo S T, Ireland R D, Reutzel C R. Signaling theory: A review and assessment [J]. Journal of Marketing, 2011, 37 (1).

[143] Coombs W T, Holladay S J. Helping crisis managers protect reputational assets: Initial tests of the situational crisis communication theory [J]. Management Communication Quarterly, 2002, 16 (2).

[144] Coombs W T. Protecting organization reputation during a crisis: The development and application of situational crisis communication Theory [J]. Corporate Reputation Review, 2007 (10).

[145] Crafton S M, Hoffer G E, Reilly R J. Testing the impact of recalls on the demand for automobiles [J]. Economic Inquiry, 1981 (XIX).

[146] Cropanzano R, Folger R. Motivation and work behavior [M]. New York: McGraw-Hill, 1991.

[147] Davidson W N, Worrell D L. Research otes and communication: The effect of product recall announcements on shareholderwealth [J]. Strategic Management Journal, 1992, 13 (6).

[148] Dawar N, Parker P M, Price L J. A cross-cultural study of interpersonal information exchange [J]. Journal of International Business Studies, 1996, 27 (3).

[149] Day G S. The market driven organization: Understanding, attracting, and keeping valuable customer [J]. Library Journal, 1999, 171 (6).

[150] Deephouse D L, Carter S M. An examination of differences between or-

ganizational legitimacy and organizational reputation [J]. Journal of Management Studies, 2005, 42 (2).

[151] Deephouse D L. Does isomorphism legitimate? [J]. The Academy of Management Journal, 1996, 39 (4).

[152] DiMaggio P J, Powell W W. The iron cage revisited: Institutional isomorphism and collective rationality in organizational fields [J]. American Sociological Review, 1983, 48 (2).

[153] Dögl C, Holtbrügge D. Corporate environmental responsibility, employer reputation and employee commitment: An empirical study in developed and emerging economies [J]. The International Journal of Human Resource Mdanagement, 2014, 25 (12).

[154] Dowling J, Pfeffer J. Organizational legitimacy: Social values and organizational behavior [J]. The Pacific Sociological Review, 1975, 18 (1).

[155] Fisher G, Kuratko D F, Bloodgood J M, Hornsby J S. Legitimate to whom? The challenge of audience diversity and new venture legitimacy [J]. Journal of Business Venturing, 2017, 32 (1).

[156] Fombrun C, Shanley M. What's in a name? Reputation building and corporate strategy [J]. The Academy of Management Journal, 1990, 33 (2).

[157] Freedman S, Kearney M, Lederman M. Product recalls, imperfect information, and spillover effects: Lessons from the consumer response to the 2007 toy recalls [J]. Review of Economics and Statistics, 2012, 94 (2).

[158] Gelb A M D. Business advertising appeals as a mirror of cultural dimensions: A study of eleven countries [J]. Journal of Advertising, 1996, 25 (4).

[159] Gelb L B. Identifying innovative national markets for technical consumer goods [J]. Int Mark Rev, 1996, 13 (6).

[160] Gillespie N, Dietz G. Trust repair after an organization-level failure [J]. The Academy of Management Review, 2009, 34 (1).

[161] Govindaraj S, Jaggi B, Lin B. Market overreaction to product recall revisited: The case of firestone tires and the ford explorer [J]. Review of Quantitative Finance and Accounting, 2004, 23 (1).

[162] Greenberg, Jerald. The quest for justice on the job: Essays and experiments [M]. London: Sage Publications, 1996.

[163] Grewal D, Roggeveen A L, Tsiros M. The effect of compensation on re-

purchase intentions in service recovery [J]. Journal of Retailing, 2008, 84 (4).

[164] Griffin M, Babin B J, Attaway J S. An empirical investigation of the impact of negative public publicity on consumer attitudes and intentions [J]. Advances in Consumer Research, 1991, 18 (1).

[165] Ha J, Jang S. Perceived justice in service recovery and behavioral intentions: The role of relationship quality [J]. International Journal of Hospitality Management, 2009, 3 (28).

[166] Hall R. The strategic analysis of intangible resources [J]. Strategic Management Journal, 1992, 13 (2).

[167] Haunschild P R, Rhee M. The role of volition in organizational learning: The case of automotive product recalls [J]. Management Science, 2004, 50 (11).

[168] Hawlitschek F, Notheisen B, Teubner T. The limits of trust-free systems: A literature review on blockchain technology and trust in the sharing economy [J]. Electronic Commerce Research and Applications, 2018, 29 (3).

[169] Hearit K M. "Mistakes were made": Organizations, apologia, and crises of social legitimacy [J]. Communication Studies, 1995, 46 (1-2).

[170] Heerde H V, Dekimpe H M G. The impact of a product-harm crisis on marketing effectiveness [J]. Marketing Science, 2007, 26 (2).

[171] Heller V L, Darling J R. Toyota in crisis: Denial and mismanagement [J]. Journal of Business Strategy, 2011, 32 (5).

[172] Hoffer G E, Pruitt S W, Reilly R J. The impact of product recalls on the wealth of sellers: a reexamination [J]. Journal of Political Economy, 1988, 96 (3).

[173] Hofstede G J. Cultures and organizations: Software of the mind (third millennium edition) [M]. New York: McGraw-Hill, 2005.

[174] Hofstede S F, Wedel M. A cross-national investigation into the individual and national cultural antecedents of consumer innovativeness [J]. Journal of Marketing, 2000 (63).

[175] Hogreve J, Bilstein N, Hoerner K. Service recovery on stage: Effects of social media recovery on virtually present others [J]. Journal of Service Research, 2019, 22 (4).

[176] Hogreve J, Bilstein N, Mandl L. Unveiling the recovery time zone of

tolerance: When time matters in service recovery [J]. Journal of the Academy of Marketing Science, 2017, 45 (6).

[177] Homans G C. The humanities and the social sciences: Joint concern with "individual" and values the arts distinct from social science distinctions of social status [J]. The American Behavioral Scientist, 1961, 4 (8).

[178] Hora M, Bapuji H, Roth A V. Safety hazard and time to recall: The role of recall strategy, product defect type, and supply chain player in the U. S. toy industry [J]. Journal of Operations Management, 2011, 29 (7 – 8).

[179] Hu H J, Djebarni R, Zhao X, Xiao L, Flynn B. Effect of different food recall strategies on consumers' reaction to different recall norm: A comparative study [J]. Industrial Management & Data Systems Forthcoming, 2017, 117 (9).

[180] Hu H J, Li Y, Cai X. Value of information sharing in inventory management of maintenance spare parts [J]. International Journal of Database Theory and Application, 2016, 7 (9).

[181] Hu H, Shu B, Wang P. C-R-D risk and measurement model of complex supply chain network in industry cluster [J]. International Journal of U-and E-Service, Science and Technology, 2016, 8 (9).

[182] Hu H, Wu Q, Han S, Zhang Z. Coordination of dual-channel supply chain with perfect product considering sales effort [J]. Advances in Production Engineering & Management, 2020, 2 (15).

[183] Hu H, Wu Q, Zhang Z, Han S. Effect of the manufacturer quality inspection policy on the supply chain decision-making and profits [J]. Advances in Production Engineering & Management, 2019, 4 (14).

[184] Hu H, Zhao X, Flynn B B. Effectiveness of recall strategies on customer perceptions. Global Supply chain quality management: Product recalls and their impact [M]. USA: CRC Press, 2014.

[185] Hu H, Zhao X. Building supply chain quality management theory from case study in China [J]. International Journal of Services Technology and Management, 2018 (1/2/3).

[186] Huurne M T et al. Antecedents of trust in the sharing economy: A systematic review [J]. Journal of Consumer Behaviour, 2017 (3).

[187] Jarrell G, Peltzman S. The impact of product recalls on the wealth of sellers [J]. The Journal of Political Economy, 1985, 93 (3).

[188] Jha S, Balaji M S. Perceived justice and recovery satisfaction: The moderating role of customer-perceived quality [J]. Management & Marketing, 2015, 10 (2).

[189] Jonsson S, Greve H R, Greve T F. Undeserved loss: The spread of legitimacy loss to innocent organizations in response to reported corporate deviance [J]. Administrative Science Quarterly, 2009, 54 (2).

[190] Kabadayi S, Lerma D. Made in China but sold at FAO Schwarz: Country-of-origin effect and trusting beliefs [J]. International Marketing Review, 2011, 28 (1).

[191] Kim P H, Dirks K T, Cooper C D. The repair of trust: A dynamic bilateral perspective and multilevel conceptualization [J]. The Academy of Management Review, 2009, 34 (3).

[192] Kirmani A, Rao A R. No pain, no gain: A critical review of the literature on signaling unobservable product quality [J]. Journal of Marketing, 2000, 64 (2).

[193] Kuo Y F, Wu C M. Satisfaction and post-purchase intentions with service recovery of online shopping websites: Perspectives on perceived justice and emotions [J]. International Journal of Information Management, 2012, 32 (2).

[194] Laufer D, Gillespie K. Differences in consumer attributions of blame between men and women: The role of perceived vulnerability and empathic concern [J]. Psychology and Marketing, 2004, 21 (2).

[195] Laufer D, Silver D H, Meyer T. Exploring differences between older and younger consumers in attributions of blame for product harm crises [J]. Academy of Marketing Science Review, 2005 (1).

[196] Levin H, Meyer J W, Scott W R. Organizational environments: Ritual and rationality [J]. Administrative ence Quarterly, 1985, 3 (4).

[197] Lin H, Wang Y, Chang L. Consumer responses to online retailer's service recovery after a service failure [J]. Managing Service Quality: An International Journal, 2011, 21 (5).

[198] Lind E A. Fairness heuristic theory: Justice judgments as pivotal cognitions in organizational relations [J]. Advances in organizational justice, 2001, 56 (8).

[199] Liu C T, Guo Y M, Lee C H. The effects of relationship quality and

Switching barriers on customer loyalty [J]. International Journal of Information Management, 2011, 31 (1).

[200] Liu Y, Shankar V, Yun W. Crisis management strategies and the long-term effects of product recalls on firm value [J]. Journal of Marketing, 2017, 81 (5).

[201] Lo L Y S, Lin S W, Hsu L Y. Motivation for online impulse buying: A two-factor theory perspective [J]. International Journal of Information Management, 2016, 36 (5).

[202] Luis G et al. Consumer-driven definition of traditional food products and innovation in traditional foods. A qualitative cross-cultural study [J]. Appetite, 2009, 52 (2).

[203] Lusch R F, Vargo S L, O'Brien M. Competing through service: Insights from service-dominant logic [J]. Journal of retailing, 2007, 83 (1).

[204] Lusch R F, Vargo S L. Service-dominant logic: Reactions, reflections and refinements [J]. Marketing Theory, 2006, 6 (3).

[205] Lyles M A, Flynn B B, Frohlich M T. All supply chains don't flow through: Understanding supply chain issues in product recalls [J]. Management and Organization Review, 2008, 4 (2).

[206] Mackey A, Mackey T B, Barney J B. Corporate social responsibility and firm performance: Investor preferences and corporate strategies [J]. Academy of Management Review, 2007, 32 (3).

[207] Manolopoulos D. What motivates R&D professionals? Evidence from decentralized laboratories in Greece [J]. The International Journal of Human Resource Management, 2006, 17 (4).

[208] Marcus A A, Goodman R S. Victims and shareholders: The dilemmas of presenting corporate policy during a crisis [J]. Academy of management journal, 1991, 34 (2).

[209] Marsh T L, Schroeder T C, Mintert J. Impacts of meat product recalls on consumer demand in the USA [J]. Applied Economics, 2004, 36 (9).

[210] Massey J E. Managing organizational legitimacy: Communication strategies for organizations in crisis [J]. The Journal of Business Communication, 2001, 38 (2).

[211] Mattila A S, Patterson P G. The impact of culture on consumers' percep-

tions of service recovery efforts [J]. Journal of Retailing, 2004, 80 (3).

[212] McColl-Kennedy J R, Sparks B A. Application of fairness theory to service failures and service recovery [J]. Journal of Service Research, 2003, 5 (3).

[213] McDonald L M, Sparks B, Glendon A I. Stakeholder reactions to company crisis communication and causes [J]. Public Relations Review, 2010, 36 (3).

[214] McLaughun M L, Cody M J, O'hair H. The management of failure events: Some contextual determinants of accounting behavior [J]. Human Communication Research, 1983, 9 (3).

[215] Meyer J W, Rowan B. Institutionalized organizations: Formal structure as myth and ceremony [J]. American journal of sociology, 1977, 83 (2).

[216] Michel S. Analyzing service failures and recoveries: A process approach [J]. International Journal of Service Industry Management, 2001, 12 (1).

[217] Milne M J, Patten D M. Securing organizational legitimacy: An experimental decision case examining the impact of environmental disclosures [J]. Accounting, Auditing & Accountability Journal, 2002, 15 (3).

[218] Milner L M, Collins J M. Sex role portrayals in turkish television advertisements: An examination in an international context [J]. Journal of Euromarketing, 1998, 7 (1).

[219] Mowen J. Consumer reactions to product recalls: An empirical and theoretical examination [J]. Unpublished Working Paper, Oklahoma State University, 1979.

[220] Myria W A, Rachel H C. Legitimation endeavors: Impression management strategies used by an organization in crisis [J]. Communication Monographs, 1994, 61 (1).

[221] Nan G, Wei J, Hu H. Analysis of the multi-agent's relationship in collaborative innovation network for science and technology SEMs based on evolutionary game theory [J]. Journal of Information Technology and Management, 2019, 1 (18).

[222] Ni J Z, Flynn B B, Jacobs F R. Impact of product recall announcements on retailers' financial value [J]. International Journal of Production Economics, 2014, 153 (7).

[223] Noone B M. Overcompensating for severe service failure: Perceived fair-

ness and effect on negative word-of-mouth intent [J]. Journal of Services Marketing, 2012, 26 (5).

[224] Ogden S, Clarke J. Customer disclosures, impression management and the construction of legitimacy Corporate reports in the UK privatised water industry [J]. Accounting, Auditing & Accountability Journal, 2005, 18 (3).

[225] Ogden S, Clarke J. Customer disclosures, impression management and the construction of legitimacy [J]. Accounting, Auditing & Accountability Journal, 2005, 18 (3).

[226] Ok C H, Back K J, Shanklin C W. Modeling roles of service recovery strategy: A relationship-focused view [J]. Journal of Hospitality and Tourism Research, 2005, 29 (4).

[227] Oliver C. Determinants of interorganizational relationships: Integration and future directions [J]. Academy of Management Review, 1990, 15 (2).

[228] Ong C S. Website satisfaction dimensions: Factors between satisfaction and dissatisfaction [J]. Information Development, 2013, 29 (4).

[229] Pai F Y, Yeh T M, Lin L Y. Relationship level and customer response to service recovery [J]. Social Indicators Research, 2018, 140 (4).

[230] Pearson C M, Clair J A. Reframing crisis management [J]. Academy of Management Review, 1998, 23 (1).

[231] Perrini F. Corporate social responsibility: Doing the most good for your company and your cause [J]. Academy of Management Executive, 2005, 20 (2).

[232] Perrow C. Organizational analysis: A sociological view [J]. Social Forces. 1970 (1).

[233] Peter J P, Olson J C. Consumer behavior and marketing strategy [M]. New York: McGraw-Hill, 2002.

[234] Porter T B. Managerial applications of corporate social responsibility and systems thinking for achieving sustainability outcomes [J]. Systems Research & Behavioral Science, 2008, 25 (3).

[235] Pruitt S W, Peterson D R. Security price reactions around product recall announcements [J]. Journal of Financial Research, 1986, 20 (3).

[236] Río-Lanza A B D, Vázquez-Casielles R, Díaz-Martín A M. Satisfaction with service recovery: Perceived justice and emotional responses [J]. Journal of Business Research, 2008, 62 (8).

[237] Rosillo-Díaz E, Blanco-Encomienda F J, Crespo-Almendros E. A cross-cultural analysis of perceived product quality, perceived risk and purchase intention in e-commerce platforms [J]. Elena Rosillo-Díaz, Francisco Javier Blanco-Encomienda, Esmeralda Crespo-Almendros, 2019, 33 (1).

[238] Ruef M, Scott W R. A multidimensional model of organizational legitimacy: Hospital survival in changing institutional environments [J]. Administrative science quarterly, 1998, 43 (4).

[239] Rungtusanatham M, Wallin C, Eckerd S. The vignette in a scenario-based role-playing experiment [J]. Journal of Supply Chain Management, 2011.

[240] Rupp N G, Taylor C R. Who initiates recalls and who cares? Evidence from the automobile industry [J]. Journal of Industrial Economics, 2002, 50 (2).

[241] Rupp N G. Are government initiated recalls more damaging for shareholders? Evidence from automotive recalls, 1973 - 1998 [J]. Economics Letters, 2001, 71 (2).

[242] Rupp N G. The attributes of a costly recall: Evidence from the automotive industry [J]. Review of Industrial Organization, 2004, 25 (1).

[243] Santos, Cristiane, Pizzuttiet al. Antecedents and consequences of consumer trust in the context of service recovery [J]. Bar Brazilian Administration Review, 2008, 5 (3).

[244] Santos C P, Rossi C A V. The impact of complaint handling on consumer's trust and loyalty in the context of relational services exchanges [C]. Proceedings of the European Marketing Academy Conference. Braga, Portugal, 2002.

[245] Savitt R. Pre-aldersonian antecedents to macromarketing: Insights from the textual literature [J]. Journal of the Academy of Marketing ence, 1990, 18 (4).

[246] Scott W R. Institutions and organizations [M]. London: Sage Publications, 2001.

[247] Sen S, Bhattacharya C B. Does doing good always lead to doing better? Consumer reactions to corporate social responsibility [J]. Journal of Marketing Research, 2001, 38 (2).

[248] Sheth J, Sisodia R S, Sharma A. The antecedents and consequences of customer-centric marketing [J]. Journal of the Academy of Marketing Science, 2000, 28 (4).

[249] Shu B, Lu S, Hu H. The dynamic mechanism of logistics networking industry in Jing-Jin-Ji region of China in the context of "internet +" [J]. International Journal of u-and e-Service, Science and Technology, 2016, 11 (9).

[250] Shugan S M. Brand loyalty programs: Are they sham? [J]. Marketing Science, 2005, 24 (2).

[251] Singh J V, Tucker D J, House R J. Organizational legitimacy and the liability of newness [J]. Administrative science quarterly, 1986, 31 (2).

[252] Siomkos G, Kurzbard G. The hidden crisis in product-harm crisis management [J]. European Journal of Marketing, 1994, 28 (2).

[253] Siomkos G, Triantafillidou A, Vassilikopoulou A, Tsiamis I. Opportunities and threats for competitors in product-harm crise [J]. Marketing Intelligence &Planning, 2010, 28 (6).

[254] SmithA K, Bolton RN. An experimental investigation of customer reactions to service failure and recovery encounters [J]. Journal of Service Research, 1998, 1 (1).

[255] Smith A K, Bolton R N, Wagner J. A Model of customer satisfaction with service encounters involving failure and recovery [J]. Journal of Marketing Research, 1999, 36 (3).

[256] SmithLarry. Media strategies in product liability crises [J]. Of Counsel, 2003.

[257] Soares A M, Farhangmehr M, Shoharn A. Hofstede's dimensions of culture in international marketing studies [J]. Journal of Business Research, 2007, 60 (3).

[258] Sparks B A, McColl-Kennedy J. Justice strategy options for increased customer satisfaction in a services recovery setting [J]. Journal of Business Research, 2001, 3 (54).

[259] Spence M. Job market signaling [J]. Quarterly Journal of Economics, 1973, 87 (3).

[260] Spence M. Signaling in retrospect and the informational structure of markets [J]. The American Economic Review, 2002, 92 (3).

[261] Stiglitz J E. Information and the change in the paradigm in economics [J]. The American Economic Review, 2002, 92 (3).

[262] Stuart T E. Interorganizational alliances and the performance of firms: A

study of growth and innovation rates in a high-technology industry [J]. Strategic Management Journal, 2000, 21 (8).

[263] Suchman M C. Managing legitimacy: Strategic and institutional approaches [J]. Academy of Management Review, 1995, 20 (3).

[264] Tax S S, Brown S W, Chandrashekaran M. Customer evaluations of service complaint experiences: Implications for relationship marketing [J]. Journal of Marketing, 1998, 62 (2).

[265] Thirumalai S, Sinha K K. Product recalls in the medical device industry: An empirical exploration of the sources and financial consequences [J]. Management Science, 2011, 57 (2).

[266] Thomas N. The concise adair on teambuilding and motivation [M]. United Kingdom: Thorogood, 2004.

[267] Tomlinson E C, Mayer R C. The role of causal attribution dimensions in trust repair [J]. Academy of Management Review, 2009, 34 (1).

[268] Topaloglu O, Gokalp O N. How brand concept affects consumer response to product recalls: A longitudinal study in the US auto industry [J]. Journal of Business Research, 2018: 88.

[269] Tsai C C, Yang Y K, Cheng Y C. Does relationship matter? Customers' response to service failure [J]. Managing Service Quality: An International Journal, 2014, 24 (2).

[270] Vargo S L, Lusch R F. Evolving to a new dominant logic for marketing [J]. Journal of Marketing, 2004, 68 (1).

[271] Vassilikopoulou A, Siomkos G, Chatzipanagiotou K, Pantouvakis A. Product-harm crisis management: Time heals all wounds? [J]. Journal of Retailing and Consumer Services, 2009, 16 (3).

[272] Vergne J P. Toward a new measure of organizational legitimacy: method, validation, and illustration [J]. Organizational Research Methods, 2011, 14 (3).

[273] Wang R D, Sun X S, Yang X, Hu H. Cloud computing and extreme learning machine for a distributed energy consumption forecastingin equipment-manufacturing enterprises [J]. Cybernetics and Information Technologies, 2016, 6 (16).

[274] Wang Y S, Wu S C, Lin H H, Wang Y Y. The relationship of service failure severity, service recovery justice and perceived switching costs with customer

loyalty in the context of e-tailing [J]. International Journal of Information Management, 2011, 31 (4).

[275] Whelan J, Dawar N. Attributions of blame following a product-harm crisis depend on consumers' attachment styles [J]. Marketing Letters, 2016, 27 (2).

[276] Wirtz J, Mattila A S. Consumer responses to compensation, speed of recovery and apology after a service failure [J]. International Journal of Service Industry Management, 2004, 15 (2).

[277] Wu L L, Chuang Y L, Chen P Y. Motivation for using search engines: a two-factor model [J]. Journal of the American Society for Information Science and Technology, 2008, 59 (11).

[278] Wu X Y, Du S, Sun Y B. E-tailing service recovery and customer satisfaction and loyalty: Does perceived distributive justice matter? [J]. Social Behavior and Personality, 2020, 48 (5).

[279] Xie Y, Peng S. How to repair customer trust after negative publicity: The roles of competence, integrity, benevolence, and forgiveness [J]. Psychology & Marketing, 2009, 26 (7).

[280] Yang S B et al. In Airbnb we trust: Understanding consumers' trust-attachment building mechanisms in the sharing economy [J]. International Journal of Hospitality Management, 2018.

[281] Yaveroglu I S, Donthu N. Cultural influences on the diffusion of new products [J]. Journal of International Consumer Marketing, 2002, 14 (4).

[282] Yeniyurt S, Townsend J D. Does culture explain acceptance of new products in a country? An empirical investigation [J]. International Marketing Review, 2003, 20 (4).

[283] Yoon C. The effects of national culture values on consumer acceptance of e-commerce: Online shoppers in China [J]. Information & Management, 2009, 46 (5).

[284] Zavyalova A, Pfarrer M D, Reger R K, Shapiro D L. Managing the message: The effects of firm actions and industry spillovers on media coverage following wrongdoing [J]. Academy of Management Journal, 2012, 55 (5).

[285] Zhang M, Hu H, Zhao X. Developing product recall capability through supply chain quality management [J]. International Journal of Production Economics, 2020, 229.

[286] Zhang X, Yuan X, Yuan J, Hu H. Multi-objective approach for broker dominant supply-demand matching decision [J]. Journal of Interdisciplinary Mathematics, 2017, 4 (20).

[287] Zhang Y, Wiersema M F. Stock market reaction to CEO certification: The signaling role of CEO background [J]. Strategic Management Journal, 2009, 30 (7).

[288] Zhao X, Li Y, Flynn B B. The financial impact of product recall announcements in China [J]. International Journal of Production Economics, 2013, 142 (1).

[289] Zhu X, Hao J, Hu H. False information diffusion in public crisis on interpersonal network and intervention strategies [J]. International Journal of Security and its Applications, 2016, 10 (10).

[290] Zhu X, Liu M, Hu H. Peer effect in spreading network of fake information in public crisis [J]. International Journal of Security and its Applications, 2015, 12 (9).

[291] Zhu Z, Nakata C, Sivakumar K, Grewal D. Fix it or leave it? Customer recovery from self-service technology failures [J]. Journal of Retailing, 2013, 89 (1).

[292] Zimmerman M A, Zeitz G J. Beyond survival: Achieving new venture growth by building legitimacy [J]. Academy of Management Review, 2002, 27 (3).